守護 你的單身 時光

一個人也要好好過，
學會六件事，幸福就在每一天。

《Singles雜誌》編輯部◎著

張楠◎譯

單身人的讀後感，異口同聲說

讚！

*只有美麗而幸福的個體才能遇到其他幸福的靈魂

30歲的某一天，我突然意識到這個世界上沒有人能爲我赴湯蹈火，沒有人愛我，還爲自己「隻身一人」的這個事實哭紅過鼻子。但隨著時間的流逝，我明白了當時不曾瞭解的兩個事實。一個事實是，不管是不是單身，人類本身就是個寂寞的存在。另一個事實是，只有美麗而幸福的個體才能遇到其他幸福的靈魂。身爲單身的你，如果不能在自己的內心找到眞正的幸福和自由，那不管你到了哪里，不管和誰在一起，都發現不了它們。如果你也像我年輕的時候那樣，正在經歷有理由的痛楚和彷徨的話，那就讀一讀《守護你的單身時光》吧。該書中收錄了許多如同珠玉般的言語，眞心希望你透過它來找到自己的幸福、自由和自信感。

——孫美娜（《西班牙，你是自由》的作者）

*為你早已成習慣的單身生活注入了新的活力

此書爲那些只能一個人消磨時間，只能一個人解決問題的單身人士解決了煩惱，爲他們打造豐富多彩的生活提供了指南。《守護你的單身時光》爲你早已成習慣的單身生活注入了新的活力，它是一本智慧之書。

——鄭允基（服裝造型師）

＊書中裝滿了人生路上前輩們的親切教導

我和二、三十歲的女性見面時，她們都會向我傾訴職業生活中遇到的煩惱。能幫忙解決的部分，我會提出一些建議，而解決不了的部分，我會讓她們去看《Singles》找答案。因爲我想對她們說的話，那裡面都有。《Singles》的記者們寫的《守護你的單身時光》也一樣。閱讀此書就好像在和關係好的姐姐聊天一樣。書中裝滿了人生路上前輩們的親切教導。

——劉順臣（「You And Partners」公司CEO）

＊此書給我的生活注入了涼爽的風

正當我彷徨不知所措的時候，此書給我指明了前行的道路。特別是書中「踏上改變人生的旅途吧」這句話，給我無味的生活中注入了涼爽的風。

——許美蘭（27歲，自由製片人）

＊這是我們這個時代的所有的人都應該讀的書

寫給單身的書，但又不是單是寫給單身的書。在這個時代生活的二、三十歲的人都應該讀讀。此書中盡是對我們人生的指點。

——李恩（25歲 自由記者）

＊這正是為我而寫的書！

某一天突然意識到自己都一把年紀了，卻還沒想過是要結婚還是一個人生活。正當我迷茫的時候，此書給了我活在這個世上的力量、勇氣和智慧。

——金南熙（34歲，建築設計師）

＊男人們也要讀讀此書！

不僅僅爲二、三十歲的單身女性指明了人生方向，而是爲這個時代、在地球上活著的所有年輕人都指明了方向。特別是書中第二章「男人怎麼都用那種方式說話？」中講到的很多部分都讓我產生了共鳴。強烈推薦女性朋友們讀讀此書！

——樸赫（26歲，跆拳道示範老師）

＊此書給我的人生之路點燃了明燈

這是一本充滿智慧和實質內容的書。不單爲這個時代的單身女性，而是爲所有二、三十歲的女性做出了具體的實質性的指導。

——李友熙（27歲，研究生）

＊此書改變了人們對「單身」的定義

因爲是單身，所以感到缺點什麼？因爲是單身，所以感到有些孤單？如果你有這樣的感覺的話，那一定要讀讀這本書。此書改變了人們對「單身」的定義。因爲書中詳盡地講述了單身在這個世上可以活得非常有活力，可以活得很有自信。

——徐靜華（27歲，三星信用卡公司職員）

＊我現在正在努力讓自己活得更加精彩！

「我已經反復存了5次以上2年期的定存」，讀到這篇文章的第一段文字時，我忍不住笑出聲來，原來大家都跟我一樣啊！正像書中李相恩女士所寫的，我現在也正在努力讓自己活得更加精彩。不斷努力生活的話，我相信可以遇到另一個華麗的自己。

——李相（35歲，嬌韻詩韓國分公司職員）

＊此書將我生活中的苦惱全都解除了

整天生活於激烈的競爭中，我眞擔心這樣下去自己會遲早變成個渾身帶刺、頑固到家的老女人。幸好遇到了這本書，我現在感到自己的單身生活也可以過得充滿熱情、魅力四射。它教會了我如何活得瀟灑、如何活得盡興。

——南景熙（31歲，迪奧化妝品韓國分公司公關負責人）

＊像姐姐一樣令人感到溫暖的書

書中講到的內容是每個單身都經歷過的，它就像姐姐一樣令人感到溫暖，重新給了我們在這世上生活的力量。書中列出的啓示和技巧就好像生活中的寶石。能夠比別人先掌握這種技巧，先懂得這些道理眞是件幸運的事情。

——金美娜（22歲，大學生）

序言

啦啦啦，讓我們變得更幸福吧！

我身爲韓國權威雜誌《Singles》的主編，寫著本書的序言，但我本身並不是單身。不是單身，卻在談論單身，你可能會問：「你到底想要我們怎麼樣嘛？」我已經結了婚，並且還是兩個孩子的媽媽，因此我更加懇切地希望能夠活出自己的精彩。我是個不會受別人影響而動搖的人，所以也不會去羨慕別人，而是自己享受自己的人生。但一旦動了心，我可以隨時踏上旅途，還有99%的機率會發瘋似的和一個帥哥幽會。我就是這麼一個華麗的個體。單身之所以燦爛奪目不也正因如此嗎？我十分喜歡本書中李相恩女士所表述的：「我們自己創造著自己的未來，不去影響別人，也不受任何人干涉，我想把這種能讓彼此都同時成長的狀態稱爲華麗的個體。」

單身好似懶惰，享受星期六午覺的那種懶惰；單身好似自私，置孩子和丈夫於不顧只想著自己的那種自私；單身也好似瘋狂，即使三十多歲了還癡迷於東方神起、Super Junior、F.T.Island的那種瘋狂。帶有這樣的懶惰、自私和瘋狂生活，偶爾會聽到別人這樣說：

「你怎麼就這麼不懂事呢？」

但正是這個「不懂事」像調味劑一樣把我們變得像個單身者。我們爲了尋找工作和私人時間的平衡而累得像個被擊垮的女超人；爲了規劃自己與婚姻無關的人生、爲了成爲一口之家的家長而不遺餘力；爲了掌握自娛自樂的方法而費盡心思，一定要給自己再次充電。

《守護你的單身時光》講述了單身者在生活中遇到的諸多問題，爲單身人士講述如何可以獲得精彩，如何解除生活中的苦惱。教給單身女性如何在歧視單身女人的不友好的視線中變得坦蕩，也教給單身女性如何在和男人們的相親中變得落落大方。《守護你的單身時光》會在你傷心的時候安慰你、擁抱你，會令偶爾在倦怠和熱情中徬徨的你體會到一瞬間飛上天空的快樂。現在就來翻開此書，開始我們找回自信的旅程吧。

《Singles》主編 李恩英

❶ / LIFE

依靠自己，成為華麗的個體

❷ / LOVE

婚姻並不是單身的終點站

③ / CAREER

單身生活是否
精彩，關鍵在於職業規劃

❹ / COMMUNICATION
單身並不意味著「隻身一人」

❺ / MONEY
單身者的未來取決於經濟能力

❻ / STYLE

單身者，為自己的靈魂找個棲息之處吧

透過性格、生活方式、經濟能力、婚姻觀、興趣等來預測單身者的幸福指數。
揭示你內心潛在的對自由生活的欲望和該欲望實現的可能性。

17
在結婚之前都打算和父母住在一起
Yes→21 No→18

18
自己一個人一個房間
Yes→22 No→23

19
不喜歡一個人逛街
Yes→18 No→23

20
自己有獨到的緩解壓力的方法
Yes→24 No→19

21
遇到重要的事情會和父母商量
Yes→25 No→22

22
想改變自己現在的生活
Yes→26 No→25

23
自己負責管理所有的存摺
Yes→27 No→C

24
憧憬未來的生活時，最擔心的是錢
Yes→C No→28

25
就算現在的生活一直持續下去也不會有很大的不滿
Yes→A No→B

26
幾乎沒有什麼經濟頭腦
Yes→B No→23

27
有嚮往的單身的類型
Yes→28 No→D

28
現在對我來說事業比談戀愛更重要
Yes→D No→E

A

B

C

D

E

我的單身指數是多少？

1
如果可能的話，
我想盡早結婚
Yes→5　No→2

5
經常想要辭職
Yes→9　No→6

9
認爲戀愛和
結婚是不同的
Yes→6　No→15

13
耳根子軟
Yes→17　No→4

2
現在沒有可以
約會的男人
Yes→6　No→5

6
晚上一個人的時候
會經常感到孤單
Yes→10　No→15

10
喜歡爲別人付出
Yes→17　No→15

14
現在還很依賴父母
Yes→18　No→19

3
平時很關注健康
Yes→4　No→6

7
遇到重要的事情
總是自己一
個人做決定
Yes→11　No→12

11
即便結了婚也能
處理好家事和公事
Yes→16　No→15

15
有自己獨自
享受的興趣愛好
Yes→20　No→19

4
喜歡做飯
Yes→8　No→7

8
現在和家人
一起生活
Yes→11　No→12

12
會經常想找
別人傾訴
Yes→19　No→16

16
就算結了婚
也不想要孩子
Yes→20　No→15

你屬於哪一類？

A 你適合盡早找到伴侶

單身生活的成功率0~40%

假如你宣言要當單身貴族（儘管這也不太可能），周圍是沒有人會把你的話當回事的。你本身就是一個不能忍受獨自生活的人。即使決心要做自由自在的單身並且華麗地邁出了第一步，也不會堅持多久的。一開始會認為和同性朋友一起出去玩就是單身生活，並且享受著這種「單身」的樂趣，但很快就會變得憂鬱起來。對你來說，早日找到今生的伴侶才是明智的選擇。

B 你是沒有辦法才成為單身的

單身生活的成功率40~60%

假如你說「我目前不會結婚」「我要獨立」，周圍的人會這樣反駁你：「是你目前結不了婚吧？」「你具備了獨立生活的能力啦？」你會認為自己已經適應了某種程度的單身生活，但仍然沒有做好成為單身的心理準備和現實準備。你有很大的可能是因為沒有辦法才走上單身之路的。如果你真心想選擇單身的道路，那就從現在開始為成為一名瀟灑自由的單身而努力吧。記住，華麗的單身不是與生俱來的，而是透過時間、金錢，還有努力創造出來的。

C 內心自由的單身

單身生活的成功率60~80%

你已經做好了一個人過一輩子的心理準備。從某些程度上來說已經開始適應「一個人」了。但這也正如前面所說的，只不過是心裡這樣認為而已，實際上你一點都沒做好單身生活的準備。如果瀟灑的單身生活一直是你所夢想的，那從現在開始就要努力做好經濟上和生活上的準備。有一點沒準備到的話，你今後就有可能陷入窘境。怎樣準備今後一個人生活的空間，怎樣解決經濟上的負擔等等，好好思考一下這些現實的問題，慢慢地開始構建自己的單身生活。如果再現實一點的話，不久你也將聽到別人稱你為「華麗的單身貴族」了。

D 雖然沒什麼意思，但也沒什麼可擔心的單身

單身生活的成功率80~90%

周圍的人都認同你是單身，也都很羨慕你。但窺探你不為人知的那面，會發現你週末一邊在沙發上打滾，一邊不停地按著手裡的遙控器，很可能因沒有人一起逛街而只能在家網購。儘管會自己安慰自己說一個人的生活很舒服很自由，但也會不時地感到空虛和孤獨。沒有歡樂的單身生活不如不要。你要創造出一些條件，讓你能感受到單身生活的樂趣和快樂。首先要減少一個人獨處的時間。找心意相投的單身者見面，或是陪家人，不要總是認為只有自己一個人在茫茫大海中掙扎。擁有了這些條件，你就可以成為一個活力十足的單身貴族了。

E 你就像華麗的單身們的教材一樣

單身生活的成功率100%

你的內在和外在都很接近完美的單身。你很適合一個人生活，你一個人的生活充滿了生氣和活力。你根據自己的選擇站在了單身的道路上，透過詳盡周密的自我管理，你今後的單身生活不再會遇到什麼困難，會一帆風順。你也一直在為自己能過上華麗的單身生活而努力著。繼續像現在這樣徹底地管理自我，你會成為一個讓任何人都羨慕的單身。

1 LIFE

依靠自己，成為華麗的個體

單身生活意味著自己要成為一口之家的家長，要為自己的單身生活制訂計畫，規劃與婚姻無關的人生並付諸實際行動。「也許結了婚所有的一切就都改變了」的這種想法，其實是一種對現實的逃避。把對華麗的單身貴族的憧憬也扔得遠遠的吧。切記，單身生活不是幻想而是現實。

需要規劃與婚姻無關的人生

我們的人生隨我們花費多少努力而具有多少價值。

——弗朗索瓦・莫里亞克

（法國小說家、諾貝爾文學獎得主）

27歲的時候，我怎麼存也存不了錢。雖然沒有什麼可以結婚的對象，但腦海中卻一直擺脫不掉「結婚」這個詞。因此，既沒有實現什麼計畫，也沒有制訂什麼計畫，過得糊裡糊塗的。但到現在為止，我已經反復存了5次以上2年期的定存。早知如此，真應該在這十多年裡好好制訂一下理財計畫！真可惜了這些年來沒有計畫隨意花出去的那些錢。

現在我睡的床是哥哥結婚前一直睡的。一想到哥哥老是出汗我就不想再躺到上面了，但一想到錢，就又會覺得沒有必要非得換。這張床已經20歲了，隨著歲月的流逝，中間的部分已經有點凹陷下去了。每當躺下或起床的時候，我就會萌生換新床的念頭。

但當我在網店選床或是到家具店看床的時候卻又躊躇了起來。如果我突然結婚了呢……？要不然乾脆買張大床？不知爲什麼，我會覺得買了新床就好像向別人宣告我永遠不結婚了一樣。

環顧我的房間，不只是床，過去的舊彩電，媽媽用過的梳妝台和衣櫃，我的家就跟不是我的一樣，房間裡面擺的全是別人用剩下的東西。看到這些不禁覺得自己只是在這裡臨時居住的房客。不僅是那些家具電器，仔細想想，我在購置房子前也足足苦惱了五六年呢。

你也會遇到這樣的情況。在制訂計畫的時候，會突然萌生「如果我突然結了婚怎麼辦？」這樣的想法。於是認爲自己「反正馬上就要結婚了」便毫無計畫地等待那個男人的出現。其實你沒有意識到，即便結了婚也不會改變什麼的。結了婚房子也不會從天上掉下來，老了以後養老金也不會從地底冒出來。一個人生活和兩個人生活需要準備的東西都一樣。「結了婚也許所有的一切就都改變了」的這種想法，其實是一種對現實的逃避。你又不是灰姑娘。

著急結婚是因爲自己沒有制訂除結婚外的任何計畫。因此我們需要給自己規劃與婚姻無關的人生。除了生孩子以外，人生不會因爲結婚而變得大不相同。

想讀研究所？想工作？想留學？想買房子？即便結了婚，這些也是你要完成的人生計畫。但往往會因爲這個所謂「結婚」的大問題解決不了，內心的一個角落會感到憂鬱、失落。當然結了婚，人生計畫的實現順序或時間就會有些變化。但並不意味著結了婚，讀研究所、工作、留學、買房的這些計畫就變成了可以忽略不計的雞毛蒜皮的小事了。因此再強調一遍，你需要規劃與婚姻無關的人生並付諸實際行動。

拿我自己舉例好了，我的夢想是移民到南美過田園生活。但有一個條件，那就是要和老公一起去。這個夢想已經有20年的歷史了，但始終都還只是個夢。說是我自己做不到，也是因爲熱情和心勁不高，而不是因爲沒有老公。假如10年前我就移民到了南美，說不定現在正在和一個充滿熱情、身材魁梧的帥哥談情說愛呢。

你是一口之家的家長

不要隨便地過活，明明能做到的事情也不要不去做。
這是我人生中最積極的觀點
——申京淑（韓國著名女作家）

「

不是教育孩子，而是教育你自己；不是照顧老公，而是照顧你自己。像媽媽精心餵養你那樣來餵養自己，像爸爸撫養你那樣來撫養自己。這就是真正的單身的生活。

」

我的朋友小A，年薪二百二十多萬元①，每個月都有利息吃，並且每月都有十幾萬元的房租收入。但她現在仍住在京畿道②一個只有十坪大的小公寓裡過著租房的生活。因爲患有腰椎間盤突出，所以在那狹窄的房間裡也不敢放沙發，認爲反正結了婚也得買餐桌所以一直就沒買。每晚當她坐在地上一邊看電視一邊吃飯的時候就會變得失落起來。她的人生一點意思也沒有。

單身生活和自己租房做飯生活是不一樣的。從字面上來看，自己租房做飯生活只意味著自己做飯吃，但你的單身生活要以「自己做飯吃」來畫上句號嗎？你的單身生活不只是指「飲食」，雖然飲食可以保證健康，但你的生活意味著更多其他的東西。

首先，單身生活意味著你要成爲一口之家的家長。現在你也有了自己的家庭，只不過這個家庭的成員只有你一個人而已。因此你既要扮演好父母的角色，又要扮演好自己一個人曾扮演過的各種角色。

如果你是個獨立的單身的話，那意義就更重了。「我不想再聽家長絮叨了，我要按照自己的意願生活，所以我要獨立」，這種情況下選擇的獨立會毀了你的單身生活。厭煩了父母的嘮叨想要完全按照自己的意願生活、想要盡情地享受懶惰而做的獨立是不可取的。證明給大家看吧，就算世上只剩下你一個人了你也能好好地生活。還有，就算你沒有獨立，也已經過了在父母面前撒嬌的年齡了。

那麼一口之家的家長應該做什麼呢？首先，應該將你的空間裝扮成華麗的居住空間。單身的家並不是只用來睡覺的地方，也不是結婚前用來臨時寄身的窩棚：隨便往地上鋪床褥子就睡，喝水也只用免洗紙杯，吃飯也只用免洗筷。不要把你的家弄成跟廉價的出租房似的。

令人意外的是，雖然很多人都華麗地邁出了第一步，但卻由於各種各樣的原因都過著這種生活，即便是暫時和父母一起生活的也是這樣。明智的單身會把旅遊的錢拿來買床好褥子，會把買包包和鞋子的錢拿來買個冰箱。

所以，成爲媽媽吧。不管結婚還是一個人生活，你都要做家務事。當然，單身不想做家務時，有隨時可以不做的自由。但並不是說就不做家務事了，只不過是被暫時推遲了而已。你應該自己成爲媽媽，去學習解決家務事的方法。眞正獨立的單身所過的週末並不華麗，一整天都要掃地、擦地、整理，這樣才能過好下一個星期。

但這並不意味著放棄單身，只是說堅持到何種程度或者暫時推遲一下單身計畫而已。

---

① 為讀者閱讀方便，書中出現的貨幣均已換算成台幣表示（1元台幣約兌換37韓圜）。本書注釋如未特別標明，皆為譯者注。

② 京畿道，韓國的一個道級行政區域，位於朝鮮半島中西部，面積為 10,959 km²。在其中間，坐落著韓國的首都——首爾特別市。京畿道道廳所在地（首府）是水原市。

既然你選擇了自由又夠派頭的單身之路，那就來列一下單身生活所需要的一切吧。把獨立、養老、戀愛、興趣、同事等這些必要的內容都列出來，並一一寫上具體的說明內容，這樣你就能一目了然地看出自己目前需要準備的是什麼，應該要開始做什麼，以及應該要丟棄什麼。

獨立的單身者應該銘記在心的八點內容

1 制訂自己的回家時間：儘管現在的時代已經不會再對晚歸的人有什麼偏見了，就算沒有人來干涉也不能掉以輕心。只有遵守規則的人才能獲得眞正的獨立。

2 克制自己對朋友們的邀請：不要把自己的家變成酒後和朋友們消遣的場所。不管是多親近的男性朋友也不能讓他隨便出入你的家門。把自己的閨房變成和朋友們一起玩耍的樂園，這不叫眞正的獨立。

3 每天都要正常吃三餐：不要因爲沒有人給你準備就不吃早飯，也不要因爲嫌做飯麻煩就整天叫外賣。眞正獨立的意義是在自己身體健康的前提下發揮自己眞正的價值。

4 不要留男人在家裡過夜：盡可能不要往家裡帶男人，即使是彼此相愛的關係也不行。不管多晚都要讓男朋友回家，如果你想避免每換一個男友就要搬一次家這種麻煩事的話。

5分清臥室和客廳：即使是很小的房子，也不要把臥室和客廳混在一起。越是小房子就越要劃分清界限，這是房子內部結構的原則。

6單獨立戶：如果你已經自己生活了，但戶口還是和父母的在一起的話，就單獨立個戶吧。只有自己成爲了戶主才能眞正認識到自己肩上背負的責任和義務。

7配把鑰匙：不要只是自己拿著家門的鑰匙，配一把放在父母家裡。儘管媽媽不會搞突然襲擊，但也要隨時具備這樣的緊張感。

8喝酒在酒吧喝：一個人生活的房子也是房子，不是酒吧。睡覺在家裡睡，喝酒在酒吧喝，做愛在旅館裡做，這是眞理。

尋找學習的榜樣

人生就是實驗。實驗做得越多你也就越會成爲優秀的人。

——**愛默生（美國著名詩人、思想家）**

韓國著名英語講師李寶英女士的母親是韓國最早的飛行員。如果問她對兒時有何記憶，她通常回答說記得周圍有很多成功的女性。她把那些女性作為自己學習的榜樣，並給自己樹立了遠大的夢想，並最終使夢想成為了現實。你要學習的榜樣是誰呢？這可以決定你的未來。

孟母三遷這則成語並不只適用於小孩子身上。讓我們回想一下小時候，我們在我們所能看到的範圍內憧憬著、期望著、夢想著。但現在我們能在很多地方看到未來的自己，電視裡、電影裡、網路上、人物自傳中，或是偉人傳記中都有很多值得我們學習的榜樣。

身爲單身卻完全預測不到10年、20年，或是30年後的自己會怎樣生活，那你在現在的生活中也無法安定下來。看看自己崇拜的那些提前踏上單身之路的前輩們所走過的路，這樣能給自己一些自信。先從「風之女兒」韓飛野③、韓國前大國家黨代表朴槿惠④這樣的名人開始找，再到身邊的單身女前輩中找。只要下了決心，尋找自己的榜樣並不是件難事。

沒有必要往遠處找，你也可以在公司裡或是合作公司裡找找看。不管那個榜樣有多偉大、多優秀，如果你完全無法接觸她的話是什麼也學不到的。她可以在你疲憊的時候來幫助你，教你如何擺正工作的態度和姿態，教你應該持有怎樣的人生觀等。當然，最好是找你一提出見面就馬上可以過來的人。

---

③ 韓飛野，韓國著名旅行作家、世界宣明會（台灣稱為「世界展望會」）緊急救助組長。韓飛野於一九九三年辭去工作登上了她的世界旅程，之後將其旅行的經驗寫於《風之女兒，步行周遊世界三圈半》（共四冊）中。此書一經公開便立即獲得了大衆的關注，韓飛野在一夜之間成了明星，被韓國國民譽為「風之女兒」。

④ 朴槿惠（Park Geun-hye, 一九五二年二月二日—）是韓國的女政治家，前大國家黨代表，韓國前總統朴正熙的長女，未婚。

請求對方來給你做顧問指導也不錯，說不定她會成爲你一生的老師。如果你想要的很難在一個人身上全部找到，那就多找幾個。向她們學習你所需要的東西就可以了。

也許在不同的時期你的榜樣（即你的顧問）有可能會換。因爲你每個時期所需要的水準、態度、目標都會發生改變。

我的願望是成爲像日本女學者鹽野七生一樣的人。在遇到她之前（當然不是眞正的見面），我不知道自己想成爲什麼樣的人，也無法制訂計畫，於是每日喝酒、跳舞，蹉跎著就這麼玩到30歲然後死就好了，可30歲過了，我還大搖大擺地活著。我內心的寂寞是透過《羅馬人的故事》化解的，同時也讓我「認識」了鹽野七生。她用20年時間研究出來的內容著成了《羅馬人的故事》一書。我也想像她那樣生活！她花20年的時間泡圖書館、吸收知識、增長見識、獲得感悟，最終寫了這本書。這正是我所夢想的生活。於是我也有了今後20年、30年的奮鬥目標。實踐起來也並不難，而且還給自己的人生制訂了主線。

但是最重要的是向榜樣或是顧問學習什麼，怎麼學習，怎樣把學到的東西與自己的人生相結合，而並不只是盲目地仿效別人的人生。透過榜樣來創造自己的榜樣，要開心地！自信地！堂堂正正地！

放下空架子，尋求實實在在

人生中沒有已定的解決方法，
有的只是執行力。我們應該要製造出這種力量。
只要有了它解決方法也就自然而然地都知曉了。

——**聖艾修伯里（《小王子》作者）**

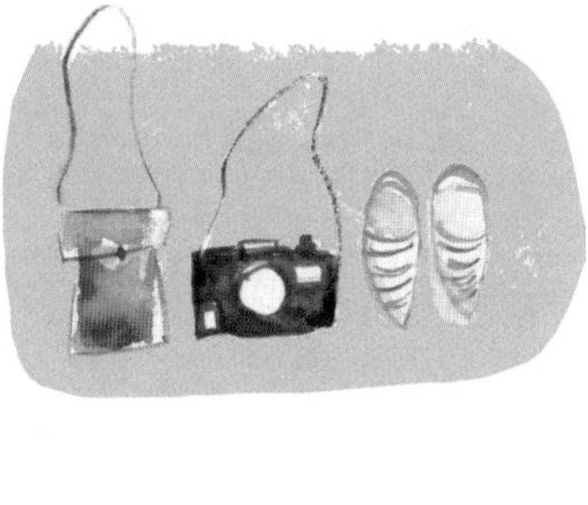

從單身女性的嘴裡經常可以聽到「最起碼」這三個字。度假的話最起碼要去哪裡，約會的話最起碼要在哪裡，坐車的話最起碼要坐什麼樣的車，住宿的話最起碼要住什麼樣的飯店，男人的話最起碼要是做什麼的…… 總是持有這種最起碼的高標準，那你的未來也就真正只能停留在這最起碼上了。難道你就沒有意識到這一點嗎？

我討厭我的同事小B。只要看見她我就渾身起雞皮疙瘩，只要聽見她開口說話我就想吐。她要再說下去，往往會遭到那些身爲一家之長、是家庭收入支柱的男同事的白眼。她喝咖啡只喝星巴克的。只要一開會，她手裡就拿著一大杯星巴克咖啡。公司聚餐，只要發起者建議去公司附近且下酒菜給的多得酒吧，她就會向人家拋去鄙視的目光。她建議去的酒吧最起碼要環境好，裡面賣的最起碼也是世界各地知名的幾十種啤酒。從來不管鮪魚叫鮪魚，非要叫tuna，倫敦和紐約就像自己的故鄉似的。同樣作爲單身的我有時候也會覺得特別慚愧。因爲有時我會產生邪惡的想法，想到二三十年後去看看，看看總是喊著最起碼的她到底會變成什麼樣子。

人生最富有的時期是二三十歲這段時間，對於赤貧者來說也是這樣。雖然所有人都是在年輕的時候沒什麼錢，但可以趁年輕來創造財富。簡單地說，這是一個憑藉健康的身體來賺錢的時期。我的父親事業很成功，他的朋友有做過政府官員的，有曾任國會議員的，有做過醫生的，有做過法官的，也有做過CEO的，這些人在退休之後聚會的時候，只要吃個一人平均一兩百元的飯就很滿足了。

可以斷言，年輕時把自己裝扮得華麗光鮮的單身貴族，老了之後就會感到無比的窘迫。把自己禁錮在這個所謂單身貴族的思想枷鎖上的話，就很容易變成一隻水上的天鵝：表面上看起來光彩奪目，優雅安逸地浮在水面上，可水面下的那雙腳卻在不斷地擺動著。對自己做的投資也好，職業規劃也好，一定要能獲得實質性的收益才可以。爲了精神慰藉而結婚的女人往往會花很多錢到海外度假，或是敗家似的消費，這些都是不明智的舉動，都是不可取的。

對已經有了年紀的單身者來說，經濟能力是最重要的。夫婦們總是把用在買房子、教育子女和退休後的生活這些方面上的錢算了又算。這些都是兩個人一起來考慮的！那麼身爲單身的你爲退休之後的生活又做了多少準備了呢？理財最基本的工作是分存摺。你有幾份存摺呢？至少要有5份才行。而且還要爲自己今後養老來買10年期以上的長期理財產品。

也許你對理財沒有信心？那麼在這個緊要關頭讓我們來看看韓國鄉村醫生朴京哲的忠告。

他在最近出版的《鄉村醫生的財主經濟學》一書中講到，要選擇好的理財方法來對自己投資。這個投資不一定非得是爲了自己的未來而做的，也可以爲提升自己的能力，即爲了提高自身的價值來做的。

若是以理財爲藉口在公司背著老闆看股市行情，或是整個週末都出去看房子，倒不如去上個外語班，努力地工作，或者再讀個研究所，來提高自己的專業能力，這樣豈不更好？

如果把自己塑造成爲一個即使到了70歲也有很多人搶著用的職業者的話，那就沒有必要非要從現在起就給自己存養老金了。因此對於單身者來說，錯過職業規劃的瞬間，單身生活也就錯過了精彩。

自由，從年齡開始

青春不是年華，而是一種心態；不是玫瑰般的臉龐、紅潤的嘴唇和敏捷的雙腿，而是堅韌的意志、豐富的想像力，以及無窮的激情；青春是生命深處的一股清泉。

——**塞繆爾．厄爾曼（70歲才開始文學創作的美國文人）**

29歲、30歲、31歲……伴隨著音樂我開始感到天旋地轉，努力振作精神後才發現，所有人都在椅子上坐著，只有我站著。這種感覺正是一個35歲的前輩對自己最近心態的描述。也沒有特定的對象，只有一種奇妙的背叛感和混亂感，這就是充滿了困惑和不安的30歲。如果歌德生活在21世紀的韓國的話，會不會把自己的格言改成「真正大風大浪的時期正是25歲到30歲的這段時期」呢？

對於單身來說30歲是這樣的：既沒有像別人那樣娶了太太或嫁了人，總是認爲工作比愛情重要，但也沒因此取得了多高的社會名利，所以到現在成了名副其實的剩男剩女，對未來充滿了迷茫，對這樣的自己感到十分寒心。照照鏡子，覺得自己還眞是淒慘呢。八字好的人說了，那就忘記年齡來生活吧。可哪有這麼容易？即使在個人主義盛行的當今社會，未婚女人的年齡也是全國人民關心的對象，我的年齡是全人類皆知的秘密。年齡還在沒有節制地增長，到底要讓我們怎麼樣嘛！

韓國紫霞淵中醫院的院長林熒澤說：每個人的一生都有一個過渡期。這個過渡期就好像18歲步入大學校園的那一刻，也好像大四畢業步入社會的那一刻。透過社會生活體會到了自己能力的有限，同時也漸漸瞭解了什麼適合自己，是結婚還是不結婚？應該怎樣生活？這些重要的、需要選擇的問題一一擺在了我們眼前。

問題是在這個關鍵的時刻我們把90%的精力都投入到了工作中，又把剩下那10%都分別投在了身體健康和維繫家人的關係上了，從而眞正地疏忽了自己。

再加上歲數大了，心也跟著一起老了。就像皮膚失去了彈性、臉上長出了皺紋、身上也長了很多贅肉等等這些身體老化的現象一樣，靈活性也降低了，就好像在還沒有痊癒的傷口處又被撒了把鹽，沒有了熱情，多了些自欺欺人和憂鬱，心也開始變得脆弱。這是因爲心臟的細胞和記憶逐漸老化了。

所以，有時我們需要刺激一下。一定要去旅行的原因也在於此，不管去遠處還是近處。透過旅行看到的全新的景象可以成爲我們記憶的一部分，給我們那已經停止了成長的記憶注入新的養分。或者需要經歷某些事情，經歷一下到現在都還沒體驗過的愛情。

其實這並不難。就算只在經常走的那條路上挪動一步，所有的一切也能變得不同。脫下經常穿的那身黑色西裝，換上顏色鮮豔的襯衫，換掉那呆板的鞠躬問好方式，抬起手向對方揮一揮，你會覺得連空氣都變得不同了。周圍人的反應，自己的心情，還有那一整天都會變得和從前不一樣。像吉田修一的小說《7月24日大道》的主人公那樣，找找你每天要經過的道路和外國某個都市的某條路有沒有共同點，之後再給它換個稱呼。比如把漢江⑤看成是南北流向的，給街邊賣三明治的小店取個名字叫「阿爾勒城⑥的咖啡廳」，當你再次走在那條路上的時候，心情就會變得有所不同。

用自己剛旅行回來時的那種心情來望一望周圍，如果感到自己身體已老化、心臟已老化的話，那就不應該總抱怨「能有一些新鮮事就好了」，而是應該先把自己變得充滿新鮮感。

⑤ 漢江，韓半島著名河流，發源於太白山脈西坡，大體向西流經江原道、京畿道和忠清北道，穿過首爾市注入黃海。

⑥ 阿爾勒城（Arles）是法國普羅旺斯省的一個古老小城鎮，在隆河（Rhone River）之畔。有近兩千年的歷史。由於法國南部接近古羅馬，這裡保存了一些有兩千年歷史的古角鬥場，也是法國歷史最悠久的地區。

不管怎麼樣，對於單身來說，年齡不只是個數字，很有可能是個儀表板。只要目的地明確，只要清楚自己爲什麼在這條路上奔跑，那不管這個儀表板上的數字指在哪裡，你的整個旅途都會充滿幸福的。

應對別人「你怎麼還是一個人啊」的問題的方法

大部分人都是在迷迷糊糊中結婚。
因此，其結果會令你後悔一輩子

——莫里哀

你有自己獨到的人生規劃，有自己美好人生的行程表，有進取的目標，有來實行這些的氣魄。但因周圍的人總是問道「你怎麼還是一個人啊？」而使你失去了幹勁的話，那就找一個聰明有力的應對方法。不斷地被問及這個問題，個人的心理和精神上都要承受著巨大的壓力。

一百名沒有男女朋友的單身男女接受了問卷調查。經常問「你怎麼還是一個人啊？」這個問題而且問得最多的人是誰？32％的人回答是親戚，18％的人回答是同性朋友，14％的人回答是正在熱戀中的朋友。那麼被問及這個問題時，單身者的心情又是怎樣的呢？儘管有一部分的單身者表示已經被問習慣了都麻木了，但還是有39％的人表示這些問題傷了自尊，感到很失落。看來被別人問道「你怎麼還是一個人啊？」是令單身者很頭疼的事情。

家庭聚會時所登場的親戚是單身人士最大的敵人。他們沒有別的意思，只是出於關心，但提的問題往往會令單身者感到十分尷尬。

只要到了春節、國慶日等各種假期的時候親戚們就都聚在了一起，面對他們的進攻，你可以採用一些迷信的說法來對付（只要你家人不是虔誠的基督教徒的話）。「我找人算過命，說如果我在30歲之前交男朋友的話家裡就會有不好的事情發生，而且結了婚也會馬上離婚的」等等這些話來嚇唬嚇唬他們。

「一個很靈的算命先生跟我說30歲（或者40歲）之前不要交男朋友。」

「看來還不到時候……」（最起碼要不露出破綻地笑著說）

「那您來給我介紹介紹吧～」

這些回答如果還不奏效的話，那就好好地給他們展現一下你快樂的樣子，再無所謂地大笑幾聲。如果覺得自己沒辦法笑得那麼自然，那就乾脆纏著他們給你介紹一個，通常這樣他們就都躲開了。

單身女性在面對父母和親戚時不時的追問時，應該怎樣來應對呢？就算是被問到同樣的問題，和父母一起住的人和獨自生活的人，應對的方法也會有些不同。

如果你是和父母一起住的話，可以說些善意的謊言。古今中外沒有父母不願意和兒女在一起的。雖然父母們總是想把自己已經到了歲數卻又沒有男朋友的女兒往外推，但另一方面又想和女兒一起吃飯、一起看電視、一起生活。如果你獨自生活的話，那就要隨機應變，要不停地給父母灌輸你很快就會有男朋友的思想，這樣也可以減少他們的擔心。

「我想多陪陪你們所以才不交男朋友的～」

「你們要負責！誰讓你們把我養得眼光這麼高的？」

「我這個月底就會去相親的～」

面對兄弟姐妹也可以使用同樣的應對方法。要不然就向他們表露自己內心的實際想法。

有時我們的心會被男性朋友無意中說的一句話刺傷。對這些不夠意思的男性朋友們要這麼說：

「你幹嘛那麼好奇我有沒有男朋友？難道？你對我……」

「沒遇到你這樣的人嘛！」或者「我怕碰見你這樣的男人！」

「現在可不是擔心別人的時候！」

對這些認爲男女之間沒有眞正友誼的男人說這些話最合適不過了。他們也知道有時你會把他們當作男人來看，而且他們聽到了這些話後很有可能會暗自竊喜。

對於那些可惡的女性朋友可以說得狠一些，一下堵住她們的嘴，讓她們以後再也不會問了（但是第三種回答有點像演講，第一種回答很有可能傷了那些婚姻生活不幸的人）。

「你到底爲什麼要結婚啊？」（邊說邊用憐憫的眼神望著她）

「我跟你一樣去割個雙眼皮就能找著男朋友了，是嗎？」

「我也不知道。我眼光也不高啊，怎麼就找不到男朋友呢？我只想找個身高180以上的、身材魁梧的，他的眼睛最好是單眼皮但要很有神，要有高挺的鼻樑、性感的嘴唇，有點鬈的褐色頭髮、細長的手指，並且可以用那漂亮的手指偶爾爲我彈彈鋼琴。當然他的性格是最重要的了，他一定要能和我的朋友合得來，能夠爲我的家人盡心盡力，同時要能忍耐我所有的脾氣，並且只愛我一個人。你周圍有沒有這種人啊？」

沒有必要對不熟的同事解釋自己爲什麼沒有男朋友。「我想結了婚再戀愛」、「世界這麼大，男人又這麼多」，像這樣簡單回答一下，既不影響對方的心情，又能很快把對話結束。那些初生之犢不怕虎的歲數小的同事也很有可能會問你「您怎麼還一個人啊？」對他們你可以直接回答「It's not your business」，或是不理，乾脆無視掉。

正視你人生的恐懼

世界會根據你的意志而呈現出不同的樣子。
面對同樣的情況，有的人會絕望，
而有的人則遊刃有餘，享受幸福

——巴爾塔沙・葛拉西安（十七世紀西班牙思想家）

心理學上有個叫「恐懼對抗現象」的學術用語。透過讓你與你所畏懼的事物或情況直接接觸，你會慢慢否定這個恐懼最終不再害怕。舉例來說，假如你對山有恐懼，那為了克服這種恐懼你要去經常登山；如果暈血怕血，那就去學醫當一名醫生。在否定恐懼的過程中最需要的就是勇氣和膽量。

我不怕走黑暗的小巷子（因爲我連著上了18年的夜班），也不怕在陌生的國外生活（只要不故意往危險的地方去就沒什麼危險的），不怕沒錢（不花不就行了？），也不怕這輩子沒有男人（到現在不也照樣活得好好的？）。我眞正害怕的是，等我人老珠黃的時候，我的那個他才出現；或是自己孤身一人，與世隔絕，只有書的陪伴，精神上肉體上都乾巴巴的，直到死去……這才是我最害怕的！

小時候，我曾困在失敗的陰影裡，總是怕自己只能過二流的人生。只要一想到這點，我就算睡著了也會突然醒來，然後起來讀書。直到二十四五歲的時候才明白人的價值不是由成功或失敗來衡量的，之後我便擺脫了對失敗的恐懼。

在和男朋友交往一千天紀念日來臨之際，我產生了一種恐懼，怕我們的愛情會突然消失。我很愛他，但卻和他分了手，還要裝作什麼都沒發生似的忙碌地生活。我怕這樣，怕自己不知該如何面對今後沒有他的人生。其實我最近不是怕沒有男人，而是怕再也找不到這種愛的感覺了。

別的單身者都有著什麼樣的恐懼呢？還眞是挺好奇的。

「我挺害怕自己就算一個人也能玩得很好、活得很開心。雖然認爲應該結婚，但總是害怕失去自己的時間，害怕錯過自己獨自旅行的機會，所以一直沒有交朋友，我害怕這樣的自己。」

「我很怕老了之後自己要一個人孤苦伶仃地生活。每次看到電視裡演的那些生活困苦的老人，我就覺得自己以後也可能變成那樣。人在任何時候都有可能失敗，失敗了的話就什麼都沒了。」

「幾年前由於沉重的壓力，一夜之間我渾身長滿了大片的紅疹。那之後我連吸菸也開始害怕起來，很怕自己會突然不明原因地得上什麼大病。」

單身者的恐懼是從哪兒來的呢？其實大多是出於他們自己對未來的恐懼，擔心將來自己還是一個人。因爲將來只有自己一個人，沒有人照顧，所以才應該要更健康，才應該要更有錢。

透過聽人們對恐懼的描述，我們可以看出這個人理想的生活是什麼樣的。沒錯，人們有自己所嚮往的生活，因爲害怕不能按照理想的那樣生活，所以才產生了恐懼。想要有錢的人怕自己沒錢，想要健康的人怕自己生病，喜歡熱鬧的人怕與他人隔絕孤獨地生活，想要結婚的人又怕自己永遠都只是一個人。也就是說，透過分析你的恐懼，可以看出你理想中生活的樣子。就像韓國精神科醫生鄭永熙大夫所說的：「適當的恐懼可以成爲生活的動力，沒有任何恐懼的人往往會停滯不前。」因此這種對「單身」的恐懼反倒讓你成了單身。

「因爲擔心身體健康，所以就試著戒了一個月的菸。很意外，一點也不難。現在我有信心能完全戒菸，對健康的恐懼也減少了。」

「上著班突然深思起來，我在這家公司可以幹到多大歲數呢？那之後要幹什麼呢？於是變得茫然並恐懼了起來。覺得獸醫這個職業應該可以幹一輩子，於是我毅然辭了職，再次考入了大學去學了獸醫學。」

「如果沒有家人，那把朋友當作自己的家人就行了。因此我現在正在尋找可以一輩子做朋友的人。」

「我覺得自己以後很有可能成爲電視劇裡的那種生活困苦的老人，所以給自己制訂了一個理財的目標，那就是到50歲存夠1,200萬元。」

有一次韓國電影演員文素利在電視採訪中表示，曾經很擔心自己正在拍的電影會成爲自己人生的最後一部電影。在拍攝「綠洲」的時候飾演了殘疾人，於是怕以後再也演不了別的角色；拍攝「家有豔妻」的時候演了床戲，於是怕以後再也拍不了電影了。後來她不斷在新的電影裡面挑戰新的角色，最終華麗地克服了這些恐懼。

這麼看來恐懼並沒什麼了不起的。雖然很強烈，但持續時間很短。恐懼與我們所嚮往的幸福有直接的聯繫，問題不在於恐懼本身，而在於應對恐懼的方法，迴避恐懼就是在遠離幸福。你的恐懼是什麼呢？透過恐懼可以看到你自己對人生的期望。

我們在感到恐懼時的行動要領

1 你的恐懼是正常的：任何人都有恐懼。它並不影響你的日常生活。

2 大部分恐懼都沒有實體，都只不過是「如果×××樣的話可怎麼辦呢」的假想而已，沒有必要用假想來折磨自己。

3 恐懼的實質即是希望：想要考試及格所以擔心考試的結果，想要過上好的生活所以恐懼未來。那些隨便過活的人沒有恐懼可言。

4 現在透過恐懼來揭開希望的面紗：這是戰勝恐懼的方法。勇敢地面對吧！

5 最殘酷的現實就是「世上沒有免費的午餐」：不勞而獲，免費乘車，雖然我們都嚮往這些，但我們的人生沒有這麼容易。因此再強調一遍，一旦感到恐懼了，就只能靠努力來解除。

單身
是我的力量
1

李相恩（音樂家，作家）

活出自己的精彩

「我們自己創造著自己的未來，不去影響別人，也不受任何人干涉，我想把這種能讓彼此都同時成長的狀態稱為華麗的個體。」

每個人都曾有過單身的想法。我19歲出道，在最紅的時候突然去留學，在離開的那一瞬間還隱隱約約有單身的想法。在美國、英國上了美術大學，之後在日本又生活了六年，對於這樣的我來說怎麼會不孤獨，怎麼會不辛苦呢？在那個適合嘗試挑戰的年齡，我只不過選擇了不同的人生，自由地去追逐我的夢想。當現在再次拾起當時的記憶，也會感覺很幸福。在日本生活的時候，我用韓語，用我從小就使用的語言多次在台上唱歌。大家對我的誇獎，還有他們的眼神，令我陶醉於其中。那時的我是個完美的個體，完美的自我。

成爲眞正的個體也許意味著要從集體中孤立出來。我沒有結婚，也沒有要養活的家庭，隨時離開去旅行對我來說也不是件難事，我想，這就是我現在的樣子，並且非常滿足於現狀。我用兩隻腳走路，有我自己的小曲可以哼唱，也有我最好的朋友——我自己。我們自己創造著自己的未來，不去影響別人，也不受任何人干涉，我想把這種能讓彼此都同時成長的狀態稱爲華麗的個體。我想把這樣的自己稱爲華麗的個體。在這裡有許多相似的靈魂相遇，在他們彼此撫摸著對方的自由、彼此散發著自己獨特的芬芳的時候，他們成爲了個體，華麗的個體。

●日常是生活中愉快的Art&Play

藝術是綠洲，使我們打破習慣的束縛，使我們創造出只屬於自己的生活。如果過得很憂鬱，那就從每天的生活中，從所做的業務、積累的疲勞和負擔中解放出來，去享受一下自己感興趣的藝術。就像小孩子一樣做個東西來玩。藝術就是遊戲。

●拿衣服來玩

如果你平時穿的衣服很有意思，或是能表現出很多想法，看的人就會得到靈感從而產生很多想法。我現在穿的是我自己做的，把布隨意搭配起來便完成了我的第一件作品。雖然縫紉工作沒那麼容易，但疲勞過後呈現出的是無盡的喜悅與自豪！我給它取名叫「duran duran」，是做的時候聽到的一首歌的名字。

●拿家具來玩

給舊家具重新塗個其他顏色的漆，再畫個塗鴉，這些裝飾的行爲就是眞正的藝術家的行爲。選一些彩色的瓷磚，給你心愛的餐桌貼上，再添上些珍珠做點綴，這樣你的餐桌也會覺得很幸福吧？

●拿首飾來玩

如果把首飾當作藝術並傾注全力去做，那它就眞的成了藝術。參考一下介紹材料或介紹工具的書籍，剩下的完全憑想像，一點點地試著做，沒多久你的作品就能完成了！如果多注意觀察周圍的事物，製作的靈感就會無窮無盡地湧現出來。

●日常的Art&Play

往你每天背的書包上縫個補丁或是畫個塗鴉。所有的一切都可以成爲藝術。用藝術的靈感竭盡全力來做個全新的獨創的東西。若製造出在任何地方都沒見過的新東西，那這不正是藝術嗎？

李相恩生於一九七〇年，韓國最具代表性的女歌手兼作曲家。一九八八年在韓國江邊音樂節中獲得了大獎，並譜寫了很多熱門歌曲，就在她人氣最旺的時候離開了韓國。之後她去了日本、英國、美國等地留學，積極地展開自己獨到的藝術活動。後作為音樂家、畫家、詩人被大衆所喜愛。目前正以作家的身份活躍在文學創作的舞臺上。並於最近出版了一本名為《Art & Play》的書向大家講述成為藝術家的方法。

2 LOVE

婚姻並不是單身的終點站

和男人約會、相愛不只是為了結婚，更是為了尋找真正的人生伴侶。要記住，只有懂得愛自己的人才會與他人分享愛情；與戀人分手後，只有有信心獨立生活的人才能勇敢地生活下去。

找個100%適合自己的人

愛情只有一個法則，那就是讓愛著的人幸福。
——司湯達爾（十九世紀法國作家）

「當你像村上春樹小說中的主人公一樣，也遇到個100%適合你的人，你的心情會怎麼樣呢？現在我愛著的他是命中注定的嗎？《女人三十，自信地去愛，勇敢地去結婚吧》的作者崔才景也說我們一定要找到100%適合自己的人。」

如果問那些還沒有男朋友的單身女性們「你理想的男人是什麼樣的？」她們大部分開始會搖著頭說「沒有什麼理想的，我的眼光不高」，但之後馬上又會說起一些細小的條件來。最後乾脆就鎖定在了「狐狸啊，你幹什麼呢」的男主角千正明、「老處女的日記」的男主角池賢宇，以及「你是我的命運」的男主角黃正民的身上。總之，全部都是理想化的人物。

如果現實中電視裡的這些帥男們出現在我們身邊會怎麼樣呢？又打嗝，又放屁，內褲也不換，愛生氣，嫉妒心強又愛說謊，做愛的功夫也不怎麼樣還早洩，我說的話70％他都聽不懂……如果這樣你還會愛他嗎？

如果問那些有男朋友的女人們「你現在的男朋友是你理想的男人嗎？」她們大部分會回答「NO！」最開始很看重「命中注定」的人也隨著時間的流逝慢慢地沒那麼計較了。她們會說：「我現在處於倦怠期，卻沒有要分手的理由……和他在一起的時候很踏實。再重新找男朋友的話太麻煩了。」

不論男女，只要是人，不管和誰近距離接觸一段時間都會發現對方身上的缺點，思想行爲的矛盾，以及善變的一面。戀愛時間長了，兩人之間必然就會產生客觀的距離。對方身上那些你忍受不了的方面（其實是和自己不一樣的方面）就會一一映入眼簾。「我瞎了眼竟會看上這樣的男人？」當你的忍耐達到極限的時候，你們倆也就該散了。雖然你明知道他不是注定的那個人，但有時也會迷上並不適合自己的人。執著地認爲自己可以承受這份辛苦的愛情，直到狠狠地栽了個大跟頭才回過神來。像這樣，我們既沒耐心維持不完美的愛情，也沒有看人的眼光，卻總是想找到100%適合自己的人來談場十全十美的戀愛。

其實要想找到100%適合自己的人並不是不可能的。

只有一個方法，那就是在遇到那個100%適合你的人之前要不停地交男朋友，就像不知道自己的SIZE和風格就去逛商場，也像明明不知道怎麼沖咖啡但卻非要瞭解沖調比例一樣。不用經歷失敗或痛苦、一次就能成功固然好，但除去極少數「有福氣的」人，大部分的人都是需要談幾次戀愛才能找到眞正合適自己的Mr. Right。

在嘗試戀愛的過程中，我所謂的愛情觀以及擇偶標準逐漸被消磨殆盡。不僅如此，我還培養了讓自己去接受不完美男人的能力。如果他的腿很短，那我就滿足於他坐著的身高，坐著的時候看起來還挺高的；如果他小心眼，那我就接受他誠實的一面；雖然年薪少，但我覺得他是個潛力股；沒有能力但人品好；如果他禿頭，那說明他深謀遠慮；雖然是酒鬼，但至少不會被別人灌醉；如果他很摳門，那說不定將來能成個富翁。就算你的另一半是住在隔壁的男人，但在意識到這點之前，你只能多交往幾個別的男人看看。「交往了之後才發現這個男人不是我命中注定的那個」，這些都是爲了遇到100%適合自己的人所做的準備。雖然這個過程看起來有點麻煩，但實際上給我們指明了方向。

當發現自己另一半的瞬間，我並沒有「我和他有些地方很一致呢」這樣的感覺，而是領悟到「爲了這次相遇，宇宙讓時間神秘地流逝了幾十年！」不知是否可以這樣形容這個瞬間：這是結束獨自生活的瞬間，是開啓嶄新的「二人世界」的瞬間。但諷刺的是，大多數情況都是事後才醒悟。所以「即使不知道這次會不會又失敗」，也還是要做出「去愛」的決定。也就是說，還得到時候才能知道何時會遇到何人。交了十多個男朋友我才發現，我的那個他原來就是已經在我隔壁住了5年的那個人，這是眞的。

因此，單身者啊，不要再猶豫，勇敢去愛吧！只有有勇氣的人，才能看見那個指引你走向100%適合你的那個人的路標。

聰明的單身女性會進攻成功男士

婚姻是兩個獨立個體的完整結合。不是單方的後退或合併，也不是誰拯救誰的手段。

——西蒙・波娃

如果想讓成功男士對你感興趣，那你就把自己變成他需要的人吧。男人也是會想透過婚姻來獲得某些利益的。這並不意味著一定要和有錢的女人結婚，透過結婚可以使他的形象變得更好，或者經濟地位、社會地位有所提高。最起碼他們想找和自己在同等位置的女人。雖然這樣的男人很挑剔，但卻是老公的最佳人選。讓我們來學習一下把這樣的成功男士變成自己男人的戰術吧！

讓我們開誠佈公地聊聊吧。說實話，成功男士的地位、財產，以及他的所有背景，相信沒有一個女人會拒絕。酷酷的，身上散發著古龍水的香氣，穿一身乾淨整潔的亞曼尼的西服，這樣的成功男士有哪個女人不愛呢？這正是女人們心目中所夢想的「30多歲的理想男人」。

但這種男人並不是那麼好對付的。30多歲就能成功，不是家裡有老底，就是個十足的野心家，再不然就是個從小就制訂了完整的計畫並一步步實現的努力派誠實青年。性格尖銳，眼光又很挑剔，對交朋友充滿了信心。因爲他們深信自己沒有任何瑕疵（認爲財力或地位可以遮蓋所有缺點）。

一說到成功男士我們就如癡如醉地沉迷於他們的魅力之中，其實並不一定像大家所熟知的那樣。所謂魅力，並不是指長相好。有兩種類型的成功男士：一種是自我管理得很明確，堅持自己的風格，很帥氣，好像流露著光澤的巧克力蛋糕一樣的成功男士；一種是既不時髦又沒型的成功男士。說白了就是有魅力的成功男士和沒有魅力的成功男士。

前者的情況，每個人都對他感興趣，即使他沒有任何行動，周圍也有很多投懷送抱的女人，也正因如此，這種類型的成功男士對交朋友或結婚都不感興趣。他們大部分是從事時裝、藝術或廣告等時尚職業的。他們的特徵是不管年齡多大就是不放低眼光，即使他們大言不慚地說自己年紀越大眼光越高也不會被人指責。

後者的情況，從上學的時候就一直被評價爲模範生，總是努力地向前邁進，因此他們會認爲整天打扮、穿著時尚都是壞學生才幹的。和前面說到的那一類型的成功男士正相反，別提結婚了，就連打扮自己都是種奢侈。這類男人總讓人會覺得有那麼2%的不足。他們大部分嚮往穩定的生活，在屈指可數的幾個大企業中工作或是從事專門職業的高薪者，對工作比對女人更感興趣。

不管怎麼樣，這兩種類型的成功男士都是要結婚的。他們會選擇什麼樣的女人呢？必須是年輕漂亮的？莫非他們只看得上藝人或主持人，或者最起碼也得是個模特兒？他們是不是不喜歡有本事的女人？

據《泰晤士報》的調查，越是經濟上成功的男士，比起「獎盃老婆（就好像成功的附加獎項，得了一個年輕漂亮的全職家庭主婦）」更偏向於和地位高的女人結婚。因爲總有一堆渴望成爲灰姑娘的女人們像蒼蠅似的圍著他們轉。

爲了從這些女人中挑出好的來，他們必須竭盡全力，因此他們的擇偶標準也自然就苛刻起來。也就是他們不是先看感情，而是先看哪個女人不是衝著他的財產或地位來的。而且還得是跟自己所處的位置差不多的，跟她結了婚會對自己的前程有幫助的。

雖然這樣的男人很挑剔，但卻是老公的最佳人選。怎麼做才能把這樣的成功男士變成自己的男人呢？我們需要做些什麼呢？

首先，你需要丟掉你內在的灰姑娘本性。這個世界不會再有拿著臭鞋子滿城找你的王子了。即使王子來到了灰姑娘家，看到她那糟糕的樣子也會連頭也不回地逃掉。現在的男人都這樣，何況是沒有任何缺陷的王子呢？如果想要他對你產生惻隱之心，那就去讀可愛淘（韓國暢銷網路美女作家）的小說吧。不要再裝可憐、裝清純、裝善良了，他是不會吃這套的。

其次，努力地工作。如果你不是既年輕漂亮又有家底的女人，那你就只能靠努力工作來使自己達到和那些成功男士一樣的水準。要不就像韓國電影「醜女大翻身」裡的女主角江漢娜一樣來個整容大變身，並且讓人一點兒也看不出你整過容的跡象。反正不管是爲了籌備整容手術的資金，還是爲了取得成功，都必須要努力地工作。

第三，用優雅的舉止來吸引他們。越是追求名牌的成功男士就越希望自己的女人本身也是名牌。名牌的魅力正在於它那高級的材質和脫俗端莊的設計。因此對於女人來說整潔大方的著裝和優雅的身姿是必需的。

只要年輕漂亮就能成爲灰姑娘的時代已經過去了。一旦暴露出想透過婚姻來提高身分的目的，你的身價就會嚴重貶值。如果想吸引成功男士，你就要表現得十分熱愛工作。

記住男人們喜歡的幾種女人的類型

1不要做個幹練的女人，而要做個有氣質的女人：換句話說，就是孤傲的女人。這種女人，只要用行動或眼神不停地「出擊」，男人們就會上鉤。這種魅力是不同於幹練的。有時女人們會覺得幹練很帥氣，但男人卻十分討厭這樣的女人。

2能明確地表達出自己的意見，卻不強加給對方的女人：「我喜歡義大利麵」「你覺得動作片怎麼樣？」這種女人既能像這樣明確地表達自己的意見，又會聽取男人的意見並且假裝服從。現在這個時代持有「什麼都喜歡」態度的女人並不受寵。男人想爲女人做她們想要的，現在的男人都愛會坦白提要求的女人。

3既對工作充滿熱情，又會享受業餘生活的女人：男人不喜歡終日無所事事，讓人有負擔感的女人；也不喜歡工作狂型的，沒有生活情趣的女人。

就是現在，換個找男朋友的方法

女人們在結婚過程中顯露出的問題是，她們認爲「不用再多交往了」，於是就和男人結婚了。

——SHER

男人饑荒現象不是只有當代才有，也並不是只有你一個人經歷過。因此在抱怨自己命不好或抱怨自己沒有勇氣之前，利用前人實踐過的有效方法去找男朋友吧。為了讓你能找到自己理想的男人，這裡介紹給你一些實踐性的方法。

到底男人都跑哪兒去了?發著這樣的牢騷，我在只有女同事的雜誌社工作了兩年。有一天，被調到飯店宣傳部工作的28歲的小L說了一段令我痛徹心腑的話。

「待在淨是女人的地方當然不知道男人跑哪兒去了。不要總是認爲只要努力工作就早晚能遇到一個男人，這只不過是個幻想而已。走出這個圈子看看，你就知道有多少女人正在費盡心思找個好男人了。優秀的男人是有限的，積極的女人必然會先得到他們。不要跟傻子似的一邊抱怨沒男人還一邊靜坐等待。」

她那直白的話語就像把匕首插在了我的胸膛。朋友聚會的時候，她曾說今年內說不定會完婚，就在今天晚上，她從MSN上給我傳來了她在婚紗店拍的照片。照片裡的她穿著婚紗，比著V字手勢，臉上洋溢著幸福的笑容。

仔細想想，她的話裡有一句很對。沒錯，優秀的男人是有限的，積極的女人必然會先得到他們。可諷刺的是，不知從何時起，也不知道爲什麼，根本找不到那些有限的男人。

衣著時尚，頭上戴著耳機的25歲左右的男人看都不會看我一眼，而自己中意的男人的無名指上也已經戴上了閃閃發光的戒指。這現實還眞是殘酷。該不會只剩下那些戴著過時的大眼鏡，挺著啤酒肚的中年男人了吧?!想到這裡我就直打冷顫。

好男人中的相當一部分已經找到自己的另一半了，所以不要奢望他們會和自己的女人分開然後再與你結合，這樣的事情是不可能發生的。到頭來你還是要在暫時還是單身的男人中尋找適合自己的那個。如果只是一味等著你的夢中情人出現而不行動的話，你非但等不到，到頭來只能走上孤獨之路。

就算你覺得自己注定是單身，但爲了快樂你至少也還是需要個男人。要切記：決定找男朋友的話就需要深知如何掌控他們。

最具實踐性的六種找男朋友的方法

1 利用在不錯的公司上班的同學

都已經二十八九了還沒遇到過好的男朋友，要不乾脆就沒有看得上的，這往往會使女人們陷入「到現在爲止我到底都做了什麼？」的沉思中。這時能幫你的只有不斷的相親，但介紹人最好是在比你強的公司上班的同學，她的公司裡肯定有她認爲還不錯的男同事。如果這個同學已經有男朋友了，那她至少能給你介紹一個。如果你不好意思突然打電話給同學，央求人家給你介紹男朋友的話，那就從現在開始，好好維護一下你們的朋友關係吧。

2 不要輕率地界定兩個人的關係

營業員小S已經工作很久了，但還沒有交過男朋友。不久前，她的朋友說「有個認識的弟弟」，於是三個人一起見了面。小S本來就對比自己小的男人不感興趣，所以根本就沒想以後還會和那個弟弟再見面。但不知爲什麼，那次三個人見面之後，那個弟弟總是會在下班的時候打電話給她說就在她的公司附近。她先後以「公司有聚餐」或「已經約了人了」這樣的藉口拒絕了幾次，但最後出於歉意主動打電話給那個弟弟說請他吃飯。本以爲簡單地吃個飯就結束了，誰知道兩人之後又換了兩個地方聊。後來兩個人閃電般成了男女朋友。「因爲你比我小，所以以後也沒什麼可見的了」，她這種輕率地界定兩個人關係的想法完全錯了。其實周圍所有的男人都有可能成爲你的男人。

3 社團也有自己的優點

如果把興趣比作魚，男朋友比作熊掌，想兩者兼得，那單身女性們首先要敲響各種社團的門。但並不是隨便進了個社團就能遇到你理想的男人。不要加入滿是飢渴的色狼們的社團，而是應該加入一個自己感興趣，並能找到心儀的男人的社團，這樣能避免白白浪費掉時間。小J上大學的時候聽說滑雪社團裡面有很多帥哥，於是她也興致勃勃地加入了，儘管自己根本不會什麼滑雪。結果她在社團組織的滑雪活動中摔傷了腰，花了很多住院費。去年春天她加入了一個溜冰社團，終於在那裡遇到了「性格又好身體又健壯的」他。

在選擇社團的時候，成員很多的，不怎麼組織活動的，「20歲白領的聯誼」，「在××

區居住的白領聚會」等這些「身分不明」的社團乾脆直接斃掉；多關注那些會員管理嚴格且活動多的爵士、紅酒、音樂劇社團。始終要記住一點，那就是帥男往往只出現在女人多的地方。所以在加入某個社團之前，你務必要詳細瞭解一下其女性會員的個人資料。

4 欣然接受長輩的介紹

直到29歲，小H也沒交過男朋友，是媽媽的朋友給她介紹了現在的男朋友。因爲不是朋友們介紹的，所以她一開始還覺得心理壓力很大，但因爲是長輩介紹的也不好拒絕，所以就決定勉強去見見。但和預想的不同，見面的那個人不論性格上、興趣上和自己都很合得來，現在兩個人還在甜蜜的熱戀中。

因爲自己不滿意父母或其他長輩介紹的人而不知道該怎麼說，所以十分拒絕這種相親的方式。如果你也是有這種想法的單身，那就從現在開始糾正一下心態吧。如果不滿意就直接對長輩說：「那個人好像不是我要找的類型。但還是謝謝您，讓您費心了。」再陪個笑臉就完全可以了。

5 也再見見前男友吧

小K下個月就要和曾是前男友的男人結婚了。兩個人曾因爲瑣事的爭吵而分手，但都和彼此的朋友有聯繫，後來兩個人又見了面並重新開始了。兩個人剛和好的時候很害怕再分手，所以反倒注意起來了。如果是對方討厭的，那自己就多注意點，於是後來兩個人相處得很自在。不要因爲他是前男朋友就把他劃在候選名單之外，應該繼續維繫你們的姻緣，即使這份緣分很薄弱，「有空的時候出來一起喝杯酒」，這才是明智之舉。

6 多往男人多的地方走走

小L總是獨自在家裡的跑步機上跑步，後來她想嘗試各種重量訓練，於是去了健身中心，在那裡她找到了男朋友。她對胸部運動很感興趣（因爲男人們總是很著迷於女人的胸部），所以很熱中於胸部鍛鍊的那些器械，就這樣偶然地和一個肌肉男聊了起來。如果只是戴著耳機板著臉在跑步機上跑步，或是只去女人們參加的肚皮舞課程，那她還能與那個肌肉男墜入愛河嗎？

不入虎穴，焉得虎子。如果想找到男朋友，那首先要多去男人多的地方。在只有女同事的公司工作，去女人們經常去的餐廳吃飯，在女性健身中心運動，去聽以女性爲對象的文化講座，這樣的話男人不都跑掉了嗎？比起相幾次親來說，多找找能和男人自然相見的機會更能提高找到男朋友的機率。多往男人多的地方走走，這才是當務之急。

男人們怎麼都用那種方式說話？

細究一下，用同樣的語言說話，能彼此相通的又能有多少個呢？

——拉塞爾・霍班（美國當代著名作家）

所有事情都是由對話交流開始的。可這男的怎麼就根本聽不懂我說的話呢？他還真是夠笨的。但又能怎麼樣呢？他是我的男人。彼此的染色體不同、成長的環境不同，因而造成了兩人的差異。難道就沒有一個訣竅，讓我只用一句話就能把這個叫做「男人」的動物說服嗎？

跟男人說話的時候直接一些

男♂我1點開會，3點去客户那兒，晚飯和一個前輩一起吃，之後加班加到9點。

女♀你每天都那麼忙，我過得好無聊啊。要不我也去上班吧？

男♂那你找找。

女♀哦……原來你覺得我不上班很丟人啊？你厭煩我了嗎？

男♂沒有。你不是說你無聊嗎？

女♀我上了班以後想必也會很忙，疏忽了你也沒關係嗎？

男♂那就別找了。

女♀你說話怎麼這麼沒誠意啊？

男♂!@$%$&?#@#!@#*0@#$%

男人都很單純，他們會把別人的話和行動都當眞。他們的話很短，很直接，往往一針見血。他們談話時總是涉及很多知識面，喜歡引用資料並直入主題。所以他們說話的時候經常會用「絕不」、「絕對」、「確實」這樣的判斷式的表達方式。

女人則正好相反。她們喜歡和別人溝通，但說話時並不直截了當，總是用很多辭彙進行鋪墊。如果自己想做什麼，她們不會說我想做什麼，而是會說我們一起做什麼吧。比如，她們會說「一起吃吧？」而不說「我餓了」。她們說話的時候經常會使用「不是×××嘛～」、「比如」、「換句話說」等這種限定式的表達方式。

如果男人總是聽不懂你說的話，那就乾脆直接跟他說。當女人那些婉轉的話語變得直接，男人的心裡也就會舒服多了。

女♀回來還挺早的。今天在公司怎麼樣？

男♂挺好的。

女♀你不是說下午有個重要的會議嗎？順利嗎？

男♂順利。

他一貫像今天這樣沒誠意地回答我。要怎麼對付他呢？在說這種話的時候，男人的腦袋裡往往會想「怎麼就今天這麼惹我煩呢？」這裡的「就今天」是因爲太累了才「說」的。上面的對話，如果女人再說句「你今天說話怎麼氣呼呼的？」男人則會立刻大發雷霆。

如果想用嘮叨來表達你對他的思念和想念，那就用這種方式試試。

女♀ 我今天來找你的路上碰上了個怪計程車司機。
男♂ 怎麼了？什麼樣的傢伙？
女♀ 他一邊用後視鏡偷瞄我一邊笑。
男♂ 所以我說叫你挑個乾淨的計程車坐吧。坐在司機斜後面的位子看著窗外，感覺怪的話應該給我電話才對。
女♀ 嗯，心情眞糟。

把一廂情願的問答題似的對話擴展成你在向他尋求解決方法的對話。這樣便會使男人的精神集中起來，並開始思考該如何解決問題。接著你們雙方也就自然地達成了共識，對話的氣氛也會變得更好。

從男人的嘴裡自然地引出「YES」的方法

女♀ 這次出去玩花了不少錢吧？
男♂ 是啊。但不是玩得很開心嗎？
女♀ 我想了想，我們弄個旅遊存摺吧？反正旅遊的錢也是你出，一次花很多不如每個月存一點，你覺得呢？存摺由我來保管。你雖然會很辛苦，但是用節約下來的零用錢和酒錢去玩一趟不挺好嗎？是吧？

男♂ 嗯。一個月給你多少？

男人不管是5歲還是30歲都有個共同點，那就是如果強制他們做什麼，他們會條件反射似的說「不要」。如果你以「打電話給我」或「別喝酒」這種強硬的語氣要求他們做什麼的話，就別指望他們能回答「YES」了，這樣反而會引起他們的逆反心理，讓你們的關係變得緊張。本來他根本沒想去喝酒的，但聽你說「別喝酒」反而想去喝了。男人就是這麼一種動物。

女♀ 喝杯咖啡吧？

男♂ 我不太想喝。

（過了一會兒）

女♀ 你餓了吧？要吃飯嗎？

男♂ 不餓，還是先看電影吧。

女♀ 你怎麼總是只想著你自己啊？

男♂ 你這是又怎麼了？

這個女人又想喝咖啡又想吃晚飯。可男人很笨，根本不知道她想做什麼。遇到這種情況應該怎麼辦呢？

男人之所以不知道，是因爲女人說的話太婉轉了。女人用間接的方法說話其實是想獲得男人的同意。如果想讓男人回答你「YES」的話，則不該說「這個你能做嗎？」而是應該說「這個你能做吧？」用這種判斷式的方法說話的話，你能更輕易地得到你想要的答案。讓我們來看一下這話與話之間的美妙差異。

「你今天晚上能打電話給我嗎？」（×）

「你今天晚上會打電話給我吧？」（○）

「想去西餐廳吃飯嗎？」（×）

「我們去西餐廳吃個飯再走吧？」（○）

從男人嘴裡引出「YES」其實很簡單。不用拐彎抹角而用判斷式的方法說話的話，你們之間的爭吵自然就會減少了。

絶對不要說的話——讓男人鬧彆扭的話

男♂　我問問我媽，然後再想想。
女♀　什麼？這事你爲什麼還要問你媽啊？你戀母啊？
男♂　問問我媽就戀母啊？怎麼這麼說呢？
女♀　哎喲，你可眞夠小心眼的，我就說這麼句話你就開始鬧彆扭啦？

有一些話不要隨便對男人說。「戀母」、「戀姐」、「你太小了」、「小心眼」等這些玩笑話千萬說不得，不管心胸多寬廣的男人也會本能地去迴避這些話。拿男人的弱點開玩笑，百分之百會激怒他們，繼續說下去的話，他們還可能會大發雷霆。所以有些話還是要避免的。如果非要表達出這種意思的話，那就像下面舉的例子一樣換種方式說。

戀母 ⇒ 我不喜歡和媽媽很親的男人。
小心眼 ⇒ 你沒有全心全意照顧我。
自私 ⇒ 站在我的角度上想想吧。

花心大蘿蔔⇒有時間把你周圍的蜜蜂蝴蝶清理一下吧。

模範生⇒你太誠實了，這樣會吃虧的。

同樣意思的話換種方式來表達，既能讓語氣更爲柔和，也能顧全男人的面子。用這種方式和男人說話的話，他們之中的大部分會覺得「她以爲我戀母呢」，因此也就自然而然地注意起了自己的行爲。再喜歡直話直說的男人也可能會被「戀母」「小心眼」這樣的話傷到自尊。他們一旦聽到這些忌諱的話，就會暴躁起來並開始想吵架。

跟單純男人說完想說的話的技巧

男♂ 今天金科長眞是氣死我了。

女♀ 他又搶了你的IDEA？怎麼每次都被他搶了？

男♂ 你這是在說我傻了？

女♀ 沒，沒有。我是覺得你太委屈了，怎麼會有那種傻X，是吧？

男♂ 是吧？你也覺得金科長是個小偷吧？

女♀ 可不是嘛！簡直是個不要臉的壞蛋嘛。可不管我們怎麼罵他，那傢伙下次還是會這樣做，所以你以後還是要多注意點。眞討厭……

男人不善於搞小團體。追溯到原始社會，男人們就團結在一起狩獵，這是從古時候就遺傳下來的。但韓國的男人卻好像不是這樣。

沒被誇獎就犯小心眼，這是韓國教育遺留下的問題，感覺站在「同一陣營」的人中間，心裡就會舒服很多。小時候在小巷子裡打架，長大了以後一起爲足球比賽加油，因此他們也就不斷地在尋找和自己有同樣想法並支持自己的朋友。

如果你站到了他的陣營呢？跟他一起高興一起行動的話，他會把你當作「自己人」來看，同時精神也能放鬆許多。這之後你再自然地跟他說你想說的話，他就不會跟你臉紅脖子粗了。

男♂ 我回來了。

女♀ 現在都幾點了？

男♂ 對不起，回來晚了，我要睡了。

女♀ 你老是這樣。怎麼公司一聚餐你就回來這麼晚？喝酒喝到凌晨你高興了吧？

男♂ 你就別等我了。再說已經回來這麼晚了還要怎樣啊？

女♀ 你只要一說公司有聚餐我的神經就繃緊了。你就不覺得我一個人在家很可憐嗎？

做錯事的人還有理了？氣得睡不著，得把要說的話都說出來才行，但又不想吵架。女人在這種情況下該怎麼辦呢？

其實男人比女人犯的錯要多。這個社會的系統就是這樣，男人這種動物同時考慮不到那麼多方面，他們只能看到眼前的便開始行動，也不考慮後果會怎麼樣，所以他們往往都會感到後悔和抱歉。正因爲他們有抱歉愧疚之心，所以當我們把想說的都說出來時，問題也就解決了。

最重要的是，不要把所有的事情都混爲一談，而是逐條地跟他講，也不要說那些刺激他的話。

男♂ 我回來了。

女♀ 現在才回來？今天有點晚呢。

男♂ 對不起，回來晚了。好累啊，我要睡了。

女♀ 我知道你很累，但也聽我把話說完。上次你公司聚餐回來晚了，之後不是答應我說再也不會這麼晚了嗎？我很相信你的話，可今天你打破了我們之間的約定，太讓我傷心了。

男♂ 對不起，聚餐的時間太長了。

女♀ 我喜歡遵守約定的人。可你不是，我太傷心了。

男♂ 以後不會了……

在說話之前，你首先要冷靜下來，充分利用自己是女人的這一優勢跟他慢慢談。如果男人也覺得是自己做得過分了，那他總會提心吊膽地等著女人跟他談。這種情況下，不要一開始就對他猛攻，而是先緩解他的緊張情緒。女人需要擁有這樣的智慧。

「開小差」的高手，揪住這種男人的耳朵

女♀ 我覺得比起去新開的商場……

男♂ 什麼？對不起，你剛問了我什麼？

女♀ 我說我覺得去以前常去的那家商場比去新開的那家好……

男♂ 嗯？

像這樣，女人把話重複說了一遍男人還是沒聽見，每次都這樣的話還眞是夠讓人煩的。有可能是你們兩個人之間的共同話題少了，男人只是單純地厭煩了你的嘮叨而已。這種情況下，要使用提前向男人通知的方法。

如果想讓男人牢牢記住某個話題，你要提前告訴他你什麼時候會說起那個話題。告訴了他準確的時間和目的的話，男人就會明白這個話題的重要性了。

如果眞有重要的話想說，那就用這種方式吧。「我有點事想和你商量。10分鐘之後打電話給你行吧？」像這樣提前製造懸念的話，男人們則會出於義務以及好奇去傾聽你的話的。

男♂ 我做錯什麼了？

女♀ 沒做錯。我不想再說那個了。

男♂ 那個是指什麼？說吧，我做錯什麼了？

女♀ 剛才那個女銷售員跟你開了句玩笑你就接上了，她緊貼在你後邊拍馬屁，你還挺高興的。

男♂ 啊，計程車來了。走吧！

女♀ $&*@#@$

居然還能這樣？別人都快氣死了，他還傻乎乎地沒搞清狀況⋯⋯女人還眞是無奈啊！

其實，比起女人那十分複雜的行動來說，男人是非常單純的。明明知道是銷售員設的圈套，但還是很享受逗話的過程，甚至上了圈套。所以說男人並不是什麼複雜的動物，只是應酬了下而已。這種情況下，他的腦袋裡其實只是在想「這得多少錢呢？」「之後去看哪個牌子好呢？」但是女人們對銷售員的那些非必要的接觸和態度、視線、嗓音等部分都很敏感，所以才會發生這種情況。如果一定要跟男人說清楚的話，採用下面這種對話方式就行了。

男♂ 我做錯什麼了？

女♀ 沒做錯什麼。只是我的心情不太好。

男♂ 怎麼了？

女♀ 剛才那個女銷售員一個勁地跟你拉關係，你都沒察覺，還挺高興的。

男♂ 怎麼會？哪有啊？

女♀ 你們男人感覺不到的，這種感覺只有我們女人才有。反正我心情不太好，下次再遇到這種情況你注意點。

男♂ 嗯，好吧。下次注意。

不要把你的不快全都顯露出來。要先告訴他，男人和女人對待同一件事情的感覺是不同的，並讓他信服。雖然男人有察覺不到的地方，但你要把你感到不快的那些部分慢慢地講給他聽，之後再讓他向你做保證。

不要總是對男人吐露你這樣那樣的不滿，而應該簡明扼要地直接說重點。養成這樣的說話習慣，有助於你享受和男朋友聊天的過程。如果男人有質疑，或是有他們不想談論的部分，你一定不要誇大其談，而是應該準確地指出問題的所在。如果你要求他改正，大部分的男人都會接受。

如果都這麼說了他還不接受，也沒有要改的意思的話，那這男人還真是100%的無藥可救，你就馬上把他甩掉好了。

延長愛情保鮮期的秘訣

相愛的兩個人不要放過任何一個瞬間。
——季洛杜（Jean Giraudoux，法國文學家）

有一對很忙的情侶，一般下了班都已經凌晨了，男人總是在女友公司樓下等著送她回家。儘管兩人還想再多聚聚，卻戰勝不了疲勞，只能遺憾地各自回家。本來想到週末再好好玩玩，卻常因出差或要緊的工作而不能按計畫進行。還有一對情侶，女人是從凌晨一直工作到晚上的設計師，男人是從晚上一直工作到凌晨的CLUB DJ。晚上，男人會在上班的路上去見下班回家的女友；早上，也會滿臉疲憊地等在女友家門口送她去上班。這兩對情侶，最後會怎麼樣呢？

那對很忙的情侶最終只能分手嗎？難道忙碌的人連戀愛的資格都沒有了嗎？並不奢望自己在各個方面都表現得很優秀，只是想讓別人看到自己愛情事業雙豐收。這種想法往往會使大部分白領女性陷入苦惱中。只有一方忙的情侶，不忙的那一方如果不能予以理解，又不會自己一個人消磨時間，一旦開始感到不滿和乏味的話，那兩個人的關係就變得危險了。

如果兩個人都很忙，再加上生活的結構也不同，這樣就更麻煩了。難以相互理解的生活，時間也對不上，這就成了戀愛最大的障礙。相比來說，雖然兩人都很忙，但生活結構一致的情侶則會更容易維繫感情，至少不會單方面地感到孤獨和疏遠。

談這種令人心力交瘁的戀愛，最重要的是雙方要能相互理解以及給予對方無微不至的關懷。

在你很忙的時候，他打來了電話，如果你說「我過一會兒打回去給你」的話，那「過一會兒」一定要回電話給他。「抱歉，剛才實在太忙了」，再說上這樣一句話就能令他的心情好轉。如果他很忙的話，那你就去和朋友見面，讓自己變得和他一樣忙。只顧和他交往，你都減少了和朋友的往來，這正是你維繫人際關係的絕佳時機。先試著去理解他，再分析一下情況，之後心裡也就能接受這種狀況了。

在埋怨他以忙爲藉口不聯繫你之前，要學會先站在他的角度上考慮問題，如果你也覺得太忙而懶得約會的話，必然也想讓對方體諒你的處境。不能換位思考正是觸犯戀人間互相理解的大禁忌，對維持兩人關係非常不利。

和戀人吵架後，琢磨著是不是要先道歉，猶豫不決地撥通了對方的電話，可兩個人卻吵得更厲害了，這種情況可能每個人都經歷過。現在是該放下電話改變作戰方法的時候了。

美國北德州大學的研究結果顯示，把戀人之間發生的事情用文字記錄下來對維持兩個人的關係有很大的幫助。每天花20分鐘，每週寫三次，他們對記錄兩人之間發生的事情的情侶，和只是單純記錄每天發生的事情的情侶做了三個月的觀察。前者中沒有分手還維持著戀人關係的人數是後者的三倍之多。

據研究人員解釋，把想法轉化爲文字的過程中，思維和語言的邏輯性也疏理通了，彼此的溝通也就更加順暢，兩個人的關係也更加深厚眞摯了。這種方法對於有矛盾的戀人也有同樣的效果。現在開始，在我們向戀人發牢騷之前先讓心平靜下來，試試寫電子郵件或是親手寫封信。回想學生時代，交換日記這樣的行爲雖然很幼稚，但感覺卻不錯。何況戀愛本身就是很幼稚的行爲。

美國康乃爾大學的哈贊博士說，愛情的保鮮期是九百天。不管多美好的愛情也不超過3年。但你知道嗎？其實變的不是你們的愛情，而是熱情。即使沒有了令人心跳加速的熱情，愛情也還在繼續著，你只須費些心思給你們的愛情注入一些甜美的「興奮劑」，這樣就能重新喚起你們愛情的活力了。

吉本芭娜娜的小說〈滿月〉中，女主角爲了給男朋友送豬排飯足足花了5個小時。凌晨1點了，他還在埋頭工作。如果他突然對她說「今天我吃著這飯想起了你」會怎麼樣呢？有時感動比熱情更炙熱。

戀愛和結婚之間，我們幸福的同居生活

愛情可以治癒人類。不管是接受愛的人還是奉獻愛的人都可以被治癒

——卡爾・門林格爾（美國著名精神科醫生）

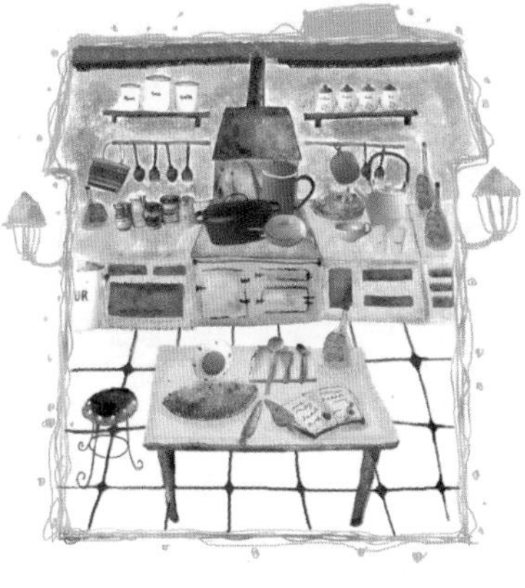

「我們一起住吧？」就這樣懷著激動的心情開始了兩人的同居生活。但會因為馬桶的使用方法、有沒洗澡這樣的問題使同居生活產生裂痕。你們的同居生活是沒有被人真心祝福過的，所以才危如累卵。說不定看起來「穩定又幸福」的同居生活比實際的婚姻生活更加辛苦。

同居比結婚更容易開始。只要兩個人情投意合，第二天就可以過同居生活。但是當你們的同居關係破碎的時候，你需要付出很多代價。心肯定是會受傷的了，行李也要整理好搬走（如果還要處理房子那就更麻煩了），還有就是周圍人的目光，需要忍耐他們那「我早就知道會這樣……」的目光，還須準備好解釋的話來回答周圍人的疑問。不管你的同居生活是長是短，為了能恢復到同居前的生活狀態，你可能需要花上幾個月、幾年甚至更長的時間。

據推測，二〇〇三年僅有80萬名同居者，但到二〇〇五年這個數字已經增長至一百萬，而且還有愈演愈烈之勢。但是僅僅因為廣播宣稱「同居者達到一百萬」，我們就可以不加思考對同居持贊同的態度嗎？以統計資料或者大眾理論來評判，同居也許太過愚昧或者危險。特別是在像韓國這樣一個本身就很忌諱同居的國家，要想讓這部分少數且隱秘的同居者獲得社會認可還為時過早。現在要瞭解「同居生活」最好的方法不就是透過個別案例來審視他們的生活現狀嗎？

我認識的一個朋友，從28歲開始到32歲，和她的男朋友一起同居了5年。雖然他們的同居生活開始得有些衝動，但兩個人比想像的要合得來。她的生活能力很強，男人的性格隨和又善解人意，他們好像是在向別人證明他們可以過得很幸福，就這樣同居生活一過就是5年。但不知從何時起，她開始擔心起男人的將來。男人是所謂的「藝術家」，偶爾會在樂團演奏或用電腦畫些插圖來賺錢，但這不是穩定的職業。她跟他說過幾次，希望他能找份工作，但他總是把這些話當成耳邊風，根本不放在心上。最後她思考了很長一段時間之後終於決定結束他們5年的同居生活。男人收拾好行李離開的那天是一年中最熱的一天。在送他離開後，獨自回來的路上，她就像小女孩一樣嗚嗚地哭了起來。「不是因爲害怕一個人而哭的，也不是把他送走了傷心而哭的，而是因爲我把最燦爛的青春都花在了這種男人身上，覺得自己眞是太委屈了不得不哭。」也許她會很快從同居的記憶中走出來，也許會馬上找到新的愛情。但她白白浪費掉5年時間的那種委屈卻會成爲一塊傷疤永遠留在心頭。

還有一對情侶從二〇〇〇年開始一直同居生活到了現在。當她告訴我她要開始同居生活的時候我差點昏過去。我也不記得自己是因爲她要和一個比自己小6歲的男人同居，還是因爲自己不喜歡好朋友和男人同居對她發了火，扔給了她一句「你條件也不差，幹嘛要同居啊？」當時她是和鬧離婚的父母一起生活的。她非常不喜歡回家，她想擁有一個屬於自己的溫暖的家。我以爲她想同居是因爲家裡的情況所以才臨時找了個避風港，到最後男人會離她而去，留給她的只有傷痛。但沒想到的是，同居生活開始之後她變了，變得開朗又有女人味了。「今天小當當（她男朋友的外號）買了隻小狗，我要好好養牠。」她曾經是個對什麼事情都不喜歡負責任的女人……眞是令人驚訝的變化。而且就在幾個月前我們見面的時候她說：「我們可能今年就結婚了。小當當也畢業了。到時候一定要來參加我們的婚禮呀！」聽了她的話我不由自主流下了眼淚。傷痕累累的兩個人走到了一起，又經受了長期的相對不是很穩定的同居關係，直至即將步入婚姻的殿堂，這個過程是多麼的辛苦啊！結婚並不意味著同居生活的完結，很明顯，它是同居生活創造出來的美麗結晶。

某個作家說「結婚是瘋狂的」，從沒和對方眞正生活過一天，但卻爲了和那個人生活一輩子而結婚，這不是很瘋狂嗎？但是同居是沒有得到社會認可的，這種不穩定的關係還需要兩個人的調節來維持。沒有人會對同居的情侶說「恭喜你們開始同居生活」，和朋友見面時永遠只會聽到「那人沒問題吧？過得還好嗎？」這樣的話。在那些不友好的視線中維持你們幸福的同居生活是十分艱難的。

當激情退去的時候，你需要冷靜地與內心對話來維持你們已經成熟了的同居關係。你需要明確地知道「我爲什麼同居？」「爲什麼想和他（她）在一起生活？」「我想從對方那裡獲得什麼？」等等諸如此類的問題。

我覺得針對同居的忠告中最棒的就是「別擠青春痘」這句了。開始同居後，所有東西都不能再隱瞞了。用遮瑕膏遮住的痘疤也會顯露無遺。任何情況下，任何時候，對他人做到完全坦誠和絕對誠實都是很難的。但同居生活意味著自己的缺點將被暴露無遺，因此坦誠是必需的。

「別擠青春痘」這句話中還包含著其他的意思，那就是不要討厭自己。十分在意臉上的痘疤的話，和男朋友爭吵的機率也會提高。同居生活需要下很大決心，自己的態度是影響對方態度的氣壓計。對那些很害羞，既不能敞開心扉，也不愛自己的人來說，同居生活還是避而遠之的好。

單身
是我的力量
2

蝴瓓（樂團「酷懶之味」團員）

平易近人的蝴瓓，單純質樸的一天

「我住在沒有複雜裝飾、只充滿著安全感的純樸屋內。我在裡面煮飯、玩樂、消磨時間。雖然我喜歡像蝴蝶般性感華麗的服飾，但我也鍾情於把臉貼在蓬鬆貓毛上的溫暖感。大家都說越認識我，越會發現一想不到的一面。」

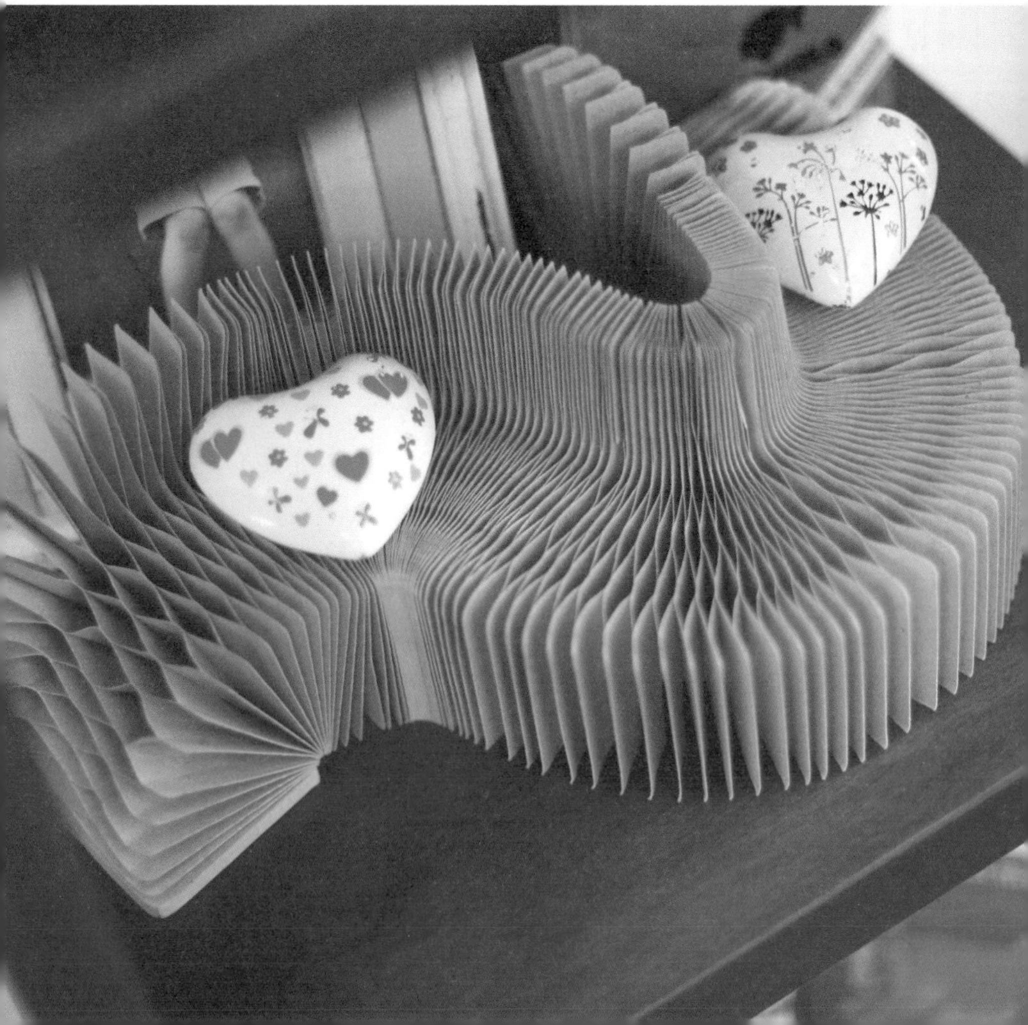

● 以愉悅爲優先，位在清潭洞充滿設計感的16樓公寓

多用途空間擺放著洗衣機，廚房沾滿了生活的痕跡，客廳的柔軟沙發和厚地毯安撫了不安的日常。即使如此，這個家彷彿有蝴蝶在某處飛舞著。這是蝴瓓的家。當太陽高掛中天時，或是在極度慵懶的午後兩點，蝴瓓從老么貓咪「Deodeok」留下睡眠痕跡的枕頭上伸展起身。多虧不久前買回來屯貨的Nespresso，讓她每天早上都能輕鬆取得咖啡因的力量。她蓬頭垢面地打開電腦，連上網路，確認已經成爲生活一部分的me2day⑦。雖然她想認眞地嘗試一下不擅長的打掃，卻無法像專家一樣整頓出完美的狀態。她正在製作ibadi的新專輯，整個下午都在練習。打開製作中的歌曲Demo MR，她用跟練習室一樣的麥克風練唱。儘管對聲音的深度不甚滿意，卻也足以排遣時光。太陽慢慢西下，它的殘影總是瞬間消逝。現在對蝴瓓來說，能享受獨處的星月時間正要開始。

● 居住的空間

跟三隻貓咪生活在狹小的單間套房並不容易，所以她搬到了更大的房子，並且想要打造出具有家庭感的空間。實際上搬到這裡後，或許是因爲環境穩定，她的聲音聽起來

⑦ 韓國入口網站 Naver 旗下類似 Twitter、Plurk 的微型部落格。

更加明亮。住在弘大附近的時候，她在家總是待不住，一直往外跑；然而，搬家以後，習慣投向戶外的眼神改向內，生活變得安靜舒適，較少流露出不滿的情緒。趨於平靜的生活，雖然讓她感到人生無趣，但在精神方面卻獲得舒緩。

● 單身生活

她不擅長打掃。大概是天性散漫所致，東西散落在各處反而讓她感到安心。她是亂到極限才會收拾的類型，飲食習慣也不規律。有行程的時候，在美容院用吐司塡肚子是常有的事。基本上，她不像Alex⑧那麼會煮飯，需要在家裡吃飯的時候，她喜歡用燕麥粥來取代麻煩的白飯，搭配加入醃明太魚腸、泡菜、蛤蜊、貝類的大醬湯，或是像海帶湯這種容易準備的配菜。搬家之後經常有朋友到家裡來玩，每當這種時候或自己在家喝酒時，她有幾樣特定的菜色：只要有鮪魚、雞蛋、泡菜就能簡單做出的炒蛋，以及生菜沙拉之類的，不然就是鮭魚沙拉。夏天也經常做裡面含有豆腐、堅果類的豆汁湯麵來吃。

● 常去的店家

她對清潭洞還沒有太多的開發。常去的店家都在弘大區，跟朋友見面時至今還是習慣約在弘大區。因爲她喜歡吃海鮮，位在上岩洞的烤貝類專門店「Eogieocha」是她最愛的店，這裡有很多劍狀矛蚌（Lanceolaria grayana）等別家不常看到的食材。她最常跟朋友聚會的酒吧也是在弘大區，而且爲了欣賞熟識樂團的演出，每個周末都一定要去弘大。有個名爲「Yellow Monsters」的樂團，他們的搖滾樂非常精彩。原本跟他們不熟，但由於她熱愛這個樂團，所以當他們10月8日在Rolling Hall獨立演出時，她爽快地答應擔任嘉賓。其他藝人偏好在VIP室舒服地看表演，不過她喜歡在寬敞的空間吵吵鬧鬧地玩耍。或許因爲她常去的地方是弘大區，所以即使有歌迷認出她是誰，也不會造成她的困擾。

● 關於旅行

最近需要扮演的角色變多，使她無法拋下與大眾的交點。雖然是沒有壓力的行程，卻也不能自由地跑去哪裡。不久前，她自己去泰國旅行了8天7夜，覺得旅行果然要去一個月左右，才會有衝擊。雖然行程滿檔讓她無法抽身，不過她還是想去有很多泥土的地方旅行，滯留一個月。去法國、柬埔寨，或是橫越沙漠的長途旅行，似乎能讓她找回自由。

● 演戲這件事

這跟只當歌手的時候有很大的不同，把她當藝人消費的人也逐漸變多。以前的她怕

---

⑧ 蝴瓓和 Alex 同是「酷懶之味」的團員。

生、難搞，又橫衝直撞，個性也很火爆。對於不稱心的事物會拒絕或反抗，但現在的自我意識卻擺在最後的防線，先想辦法適應，不管是什麼都先經歷看看。就算是討厭的人說的話，也會先聽聽看。必須注重外表，說著修飾過的話。這或許也能稱爲妥協吧。生活變得很乾燥，除了讓她不常流淚，能讓她眞心大笑的事情也變少了。這點對於本業是歌手的她來說，最直接造成的影響就是腦袋僵化，想像力的幅度縮減。以前經常寫的文章，最近都不寫了。沒心思看書，只沉迷在漫畫的世界。這或許難以理解，但是如果人變成這樣，歌藝也會產生驚人的變化——唱歌的深度會變淺。因此，培養身爲音樂人的想像力，和扮演藝人的角色成爲一個難題。

●對她造成影響的東西

從文化刺激上受到影響的時機似乎已經過了。她只有在琴房和車內才會聽音樂，客廳雖然有擺音響，卻不常使用。她的左耳對高音很敏感，尤其像夜店歌曲那種高音域的音樂，她沒辦法聽太久，那會讓耳朵產生雜音，甚至發疼。最近激發她的不是音樂，而是人。散布在各種年齡層的朋友給了她很多刺激。「Yellow Monsters」樂團的搖滾能量帶給她幫助；在UNDER當裝置藝術家的年輕創作者；目前是個配角，卻有很多野心，想做很多嘗試的年輕演員，都給了她活力。

搬家以後，她買了電視。喜歡看紀錄片的她會看「國家地理頻道」或「探索頻道」，同時她也喜歡看競賽節目，「超級名模生死鬥」之類的節目常讓她熬夜觀看。

●在家主要做的事

練歌、吃飯、看電視、看漫畫、上網、看me2day……尤其一個人在家，覺得無聊寂寞的時候，她會在me2day張貼許多短訊。生活順利時，一天連一則都不會發；生活不順時，一天就會發個6～7則。她在me2day經常說些很宅的話，跟她實際的樣貌最接近。她並不討厭在網路上呈現眞實的自我。1989年，她從11歲就開始透過電腦，以網頁爲基礎建立人際關係，並從中獲得溫暖，所以對此很信賴。若她不是歌手或藝人，或許會經常辦網友聚會吧。在me2day聊天跟網友變熟了以後，她甚至跟幾個摯友組成了一個名爲DKNY（根據四人各自喜好的食物：炸豬排、烤肉、冷麵、消夜而取的暱稱。蝴蝶是冷麵）的小團體。不過，身爲藝人的立場，其他網友跟她之間的情報量差異過大，所以無法狠下心來公開一切。如果她有機會深入了解對方，或許可以變成朋友，但是在me2day上，「朋友」只是個通用的稱呼，所以當有人突然要求跟她建立關係，也會讓她有點爲難。

●一起住的貓

老大Mumu是1999年生，現在11歲。小時候是隻聰明、靈巧又優雅的貓。要是她在床上哭，牠就會靠過來用前腳幫忙擦眼淚，個性細心又溫柔。可是上了年紀以後，牠漸漸變成一隻很難討好的貓。老二Toran雖然5歲了，至今她仍無法順利地抱牠。雖然牠願意讓人撫摸，但如果要抱的話，牠就會受到驚嚇。牠患有嚴重的社交恐懼症，需要特別細心的照料。2歲的老三Deodeok是隻絕對不會讓人受傷、好相處的貓。牠積極地展現友好，行動充滿活力。她在陽台上做了貓咪專用的生活空間，通往臥房的陽台也總是開著，讓牠只能穿梭在這兩個地方。因為蝴蹦擔心牠會抓壞家具或地毯，所以目前只開放這兩個空間，而且她也不想再穿著沾滿貓毛的衣服了。

3 CAREER

單身生活是否精彩，
關鍵在於職業規劃

人類是為了克服恐懼才會產生恐懼的；人類是為了要大喊「儘管如此，我是行家」才有脾氣的。為自己的人生畫張大的藍圖去努力奮鬥吧！愛自己！並且要出色地、堂堂正正地獲得成功！

想努力工作？那你需要具備充沛的體力，體力就等於能力

從輝煌到沒落只有一步之遙。
很細小的事情也可以成爲決定大事的關鍵。
——拿破崙

同樣都是加班，第二天你感到疲憊不堪，但坐在旁邊的同事卻精神飽滿地埋頭工作，這時你心裡是否會產生恐懼感呢？內心十分想努力地工作，但身體卻完全不給你支援。這可以說是壓力所致，但你的體力確實正在慢慢枯竭，彷彿很快就會耗盡似的。對於獨居的單身來說，健康的身體才是最最寶貴的財產。堅持每天下班後去健身1個小時，不要小看這1個小時，這正是單身者們強健體魄、增強體力的關鍵。

仔細分析我們會發現，大部分的工作都是體力勞動。就連貌似只用動腦的諮詢師、不斷尋找靈感的藝術家以及每天和數字打交道的會計師都在拚體力。工作3年之後，每個人的體力差異就都顯現出來了。有的人前天應酬到凌晨，第二天一大早還能按時起床，並能精神飽滿地度過一天，也有的人晚上9點就上床休息，可第二天仍然無精打采。

每個人的體力和能力都是天生的，大家各不相同，但職業生活的成敗卻跟體力緊密相關。如果體質很差，在高強度的工作下就很容易累倒，不管做什麼都提不起精神，在工作中也無法取得好成績。因此可以得出一個結論：在職場上體力就等於能力。

成功人士的興趣愛好中一定有「運動」這一項。運動不只是用來鍛鍊身體，它還能緩解壓力，並可以讓人和工作暫時分開。可以肯定地說我們需要運動。運動並不一定非得去健身中心，在家附近慢跑也好，在家一邊看電視一邊做些瑜伽或舒展動作也好，找個自己喜歡並能堅持的運動做做。不要一開始就劇烈運動，保持強度適中、堅持不斷地運動可以更好地提高自身的體能。

不管哪個領域的工作都會有壓力，重點不在於受了多大的壓力，而在於我們如何緩解和釋放這些壓力。下班後讓我們來做1個小時左右的運動，緩解或釋放工作中所受的壓力吧。或者我們在下班後找一些自己眞正能享受並且樂在其中的事情來做。不管什麼事情，最好是能把工作中所承受的壓力統統釋放出去。但最好避免過度飲酒或熬夜，因爲第二天可能會因爲勞累而在工作中感到更大的壓力。

如果你實在感到疲勞，想休息的話，那就抽出時間徹底地休息。如果你特別想吃什麼，那就好好地吃上一頓。雖然想做的事情不一定都能做到，但如果一直抑制自己的欲望，往往也會形成一種壓力，最終會傷害自己的健康。身體發出的信號，其實就是你維持健康的身體所缺乏的，因此按意願行動有助於保護身體的健康。

當然，這並不是說要用暴飲暴食的方式來緩解我們所承受的壓力。不管在什麼情況下，吃得過飽都會有損健康。特別是晚上9點以後攝取食物對胃會造成負擔並影響睡眠。職業女性最頭疼的問題之一就是腹部肥胖。

爲了避免飲食過量，早餐一定要吃好。但對於獨居的單身者來說，早上沒有人叫你起床，就連早起10分鐘都要和自己好好爭鬥一番，更別說在家吃頓像樣的早餐了。如果擠不出時間給自己做早飯的話，那就喝些能使自己充滿活力並能保持體能的飲料。

韓國鄭京豔中醫院的鄭京豔院長建議早上喝一些能塡飽肚子、富含蛋白質和維他命等營養元素的ABC果汁來代替早餐。把蘋果——Apple，香蕉——Banana，胡蘿蔔——Carrot還有牛奶一起放在攪拌機裡攪拌就做成了ABC果汁。它不僅富含豐富的維他命，還能促進胃液的分泌。蘋果和胡蘿蔔能緩解疲勞，香蕉能讓人有飽脹感，可謂是快捷健康的理想早餐。

最後，我們要養成對待任何事都持肯定態度的生活習慣。我們的身體和心臟是結合在一起的有機體，一天的心情好壞可以決定一天能量的供給是否充足。特別是狀態不好的時候，不要總說「好累」「煩人」，而應該想方設法和周圍的人多說些輕鬆愉快的話題。用洪亮的聲音講話可以讓人感到消失了的能量又恢復了。對待任何事情都持否定態度的人會經常處於能量枯竭、無精打采的狀態。如果遇到了頭疼的事情，那麼換個肯定的態度去想「先做做看吧」，這樣整個人也就充滿活力了。即便身邊的人都累倒了，自己還能輕鬆順利地處理好事情，秘訣就在於用肯定的思考方式來「愛自己」。如果想讓自己看起來活力十足，那就從身邊的所有事物上獲得肯定的能量，你首先需要的是持有肯定的態度。

保持充沛體力的分時攻略

能量危機1　AM6:00

儘管前一天晚上睡得很早，可第二天早上6點仍然睜不開眼睛。

利用1小時30分的睡眠療法：人類具有以1小時30分爲一個週期從睡眠中醒來的生物節拍。因此按照1小時30分，3小時，4小時30分，6小時等週期來調整睡眠時間的話，就算睡得時間不長也能睡得很好。

早上起來讓整個身體曬曬太陽：清晨，拉開窗簾，讓整個身體沐浴在陽光裡。不僅可以讓還在睡眠中的身體醒過來，還可以讓你更有朝氣地迎接新的一天。

能量危機2　PM2:00

儘管上司就在旁邊看著，眼睛也會睏得實在睜不開。

午飯後散一會兒步：一吃完午飯就馬上回到座位上，這樣不僅會昏昏欲睡，消化能力也會降低。消化不良胃就不舒服，緊跟著就會開始昏昏欲睡。因此吃完午飯不要馬上回到公司，先去外面走走，只要走一條街的距離就可以了。

把午飯的量減少三分之一：吃飽就會昏昏欲睡。午飯只要吃八九分飽就可以了，能讓自己在吃晚飯前不餓就行。此外還可以再吃一份富含維生素的水果，這樣就能趕走睏意了。

能量危機3　PM9:00

把所有的能量都用在工作上了，下班的時候整個身體就好像是浸了水的海綿一樣。

深呼吸：一整天受到的壓力使身體疲憊不堪，這時的身體內絕對缺少氧氣。試著做幾次深呼吸，讓氧氣充滿全身，疲勞也能有所緩解。

鍛鍊肌肉：要養成規律的運動習慣。就算剛開始很費力，一旦養成了習慣，就會感到運動將壓力釋放了。運動時分泌的荷爾蒙也能大大緩解壓力給身體帶來的不適。

教你如何克服病態恐懼

平凡的人偶爾會透過瞬間的決定獲得成功。
這並不意味著他有多優秀，
這是他想要從不安中擺脫出來，而不斷地努力的結果。
——拿破崙

你的職業恐懼症達到什麼樣的程度了呢？職業恐懼是我們職業生活中會遇到的一大問題，現在的你對職業的恐懼症到了怎樣的程度呢？韓國《Singles》雜誌在網站上對此做了相關的問卷調查，結果很令人驚訝。87%的人都回答自己「有職業恐懼症」。並且為了解決這個問題，有很多單身者都表示正在學習外語（35%），還有考各種證照（28%）。那麼你呢？

來做一做下面的題目，測測你的職業恐懼的指數是多少吧！

□在提交履歷表之前就開始擔心，之後乾脆把履歷表撕了。
□同事們都混得不錯，只有我混得不怎麼樣。
□一到了公司要裁員的時候，我晚上就睡不著覺。
□不管怎麼練習商務英語就是沒自信。
□不知道應該選擇哪條路。

結果
1～2個：一般上班族的水準
3～4個：需要控制一下自己的情緒
5個以上：職業恐懼重症患者

你是否也處於重症階段呢？最近一直感覺上班的道路很漫長，而且心情很沉重，或是感覺不管做什麼都沒成果。如果不知道爲了什麼而上班的話，那你患有職業恐懼症的可能性就會很高。

在病入膏肓前，你需要接受病態恐懼的檢查。怎麼檢查呢？下面列舉出了5種最具代表性的職業恐懼症的症狀，先讓我們一起來看看患有這些恐懼症狀的上班族的經歷吧。

1履歷表恐懼症

小L曾在一家50強的大企業工作。雖然目前為止工作只有2年，但卻已經換了5次工作了，所工作的部門也不一樣。剛開始是財務部，後來是經營策劃部，再後來去了市場部。在每個部門工作的時間都不到6個月，工作能力也僅有實習生的水準。結果在簡歷上也寫不清畢業後自己到底做了什麼，簡直一塌糊塗。現在想要踏實下來工作了，但沒有公司願意用她，到現在她已經找了4個月的工作了。

職業生活的低潮期分為3個階段，分別會在工作3個月後、6個月後、1年後出現。而小L屬於連第一個階段都沒有堅持過去的蚱蜢型。雖然下決心「這次堅持3個月試試」，但最後還是沒撐過1個月就辭職了。

像小L這樣，雖然只有短暫的工作經歷，但卻在多個部門工作過，那麼就應該仔細想想自己在哪個部門工作能更好地發揮出能力，並且需要決定自己在10年後做什麼。如果還是想離職，那就把想去的所有企業都列出來，然後集中地思考一下。如果這些想去的地方沒有年齡的限制，那就把到現在爲止所有的經歷都丟掉，作爲一個新人重新出發。從長遠來看，這樣做是最有效果的。

寫履歷表的時候，只寫上2～3條最主要的工作經歷就可以了，然後再寫上自己的特長。履歷表只是將自己的核心武器簡單明瞭地列出來的檔案而已，沒必要把自己的歷史一一都寫進來。

頻繁跳槽的人當中也有擅長多個方面的，要把自己的性格和特長充分地和工作結合起來。另外，沒有明確的理由（健康、移民、學業等理由）而經常離職的人會使招聘人員產生一種成見：「這個人在我們公司估計也不會工作很久。」不管履歷表有多糟糕，關鍵還要看面試的時候怎麼說服考官。考慮清楚什麼對自己最重要、爲了實現人生目標自己應該選擇什麼樣的職業才是最重要的。

2 學歷恐懼症

小K在一家中小企業的開發部門工作。雖然是外地大學畢業的，但十分想在首爾打出自己的一片天空，於是做了充足的就業準備並找到了工作。她認爲自己沒能進大企業全都因爲自己是在外地上的大學。雖然想成爲外企中的Team Leader的這個目標很明確，但不知爲什麼卻感覺很遙遠。

小K沒能追隨自己的理想，她承受著由學緣⑨、地緣⑩、血緣組成的壓力三要素。小K這類人的問題在於缺乏自信。不要總是在意自己的弱點，而應該多想想自己的優點，沒有必要對自己的學歷產生恐懼。不要給自己畫出框框，只要對自己有信心就不會害怕任何事情了。要認清現實，但卻不能迷失自我。

3 外語恐懼症

小H在一家中堅企業的海外市場部已經工作3年了，業務也基本上手了，但她仍然對所做的工作沒有自信。原因是工作的70%以上都要用到英語。不久前她在用英語向美國客戶作產品說明的時候，被客戶的一個問題難住了，當她正在組織辭彙結結巴巴地回答時，公司的一個新人跑上去替她回答了客戶的問題。從明年開始只有通過了集團的英語考試才能升職，

⑨ 學緣，根據畢業的學校所擁有的人脈關係。
⑩ 地緣，根據地理位置形成的人脈關係。

並且還聽說考試成績會反映在績效考核上，因此她更心煩了。

又不是在國外長大，懼怕外語那是當然的事情了。但只要心理有畏懼，就算早晚聽再多遍英語會話也很難擺脫心理上的陰影，和外國同事見面時就變成了個有話說不出的啞巴。

如果是因爲外語而感到壓力的話，那解除壓力的方法只有一個：用自己所積蓄的實力來一決高下。即使沒人命令你，也要自告奮勇地跑去參加介紹會或其他跟外語相關的會議。只有不斷努力才能讓你的商務英語水準得以提升。

4 職業規劃恐懼症

32歲的單身女小P在一家廣告公司工作。最近她對公司的發展前景產生了懷疑，而且也經常覺得所做的工作並不適合自己。自己也沒做今後10年的計畫，雖然工作了很長時間，但仍然不知道自己前行的路在何方。

是否懂得根據職業目標來積累工作經驗的人有很大差異。目標明確的人會爲自己準備強有力的優勢和競爭力，相反，沒有目標的人會在工作上得過且過，僅僅滿足於現有的工作狀態。如果現在還不清楚自己的目標或者目標還很混亂的話，那就找找你能學習的榜樣，借鑑他們所走過的路。

特別是到了30多歲，換工作就更難了。你需要為自己畫一張具體的職業規劃藍圖。就像制訂經營計畫一樣，制訂一下年薪和職位的目標。不要僅僅只是在腦子裡想，而是寫成文字記在紙上，這樣可以隨時督促自己。

5 性別歧視恐懼症

小K在一家大企業的經營策劃部工作。她是從兩百位的競爭者中脫穎而出的，但現在已經開始對自己的工作產生懷疑：「職業生活都是這樣的嗎？」和她一起進公司的男同事已經開始負責專案了，而小K的工作只有整理檔案。比她早10年進入公司的前輩們也覺得女人晉升的空間有限。這樣下去自己也顯然會變得和女前輩們一樣抱怨由於性別引起的不公待遇。

很多單身女性都像小K一樣一直做著複印文件和泡咖啡這樣的跑腿工作。因此她們都對職業生活產生了疑問。提出建議要求改變不合理的狀況吧，似乎會引起男女平等問題的議論；忍著吧，又會覺得委屈。長此以往，要嘛變成動不動就亢奮的鬥雞，動不動就到處抱怨自己所受的不公平待遇；要嘛就乾脆忍氣呑聲屈於溫柔女人之列。

女性在工作的時候往往會發現自己不利的一面，但是不要忽視有利的一面。有利的一面就是，出來工作的女性要比男性少，只要自己做得出色就有很多機會被重用。在機會來臨之前，你需要下大決心去完成自己的目標。另外，當機會來臨時，你需要主動出擊。女人們經常會對自己取得的成果持謙虛態度，但如果過於謙虛將錯過機會。

成爲掌握主動權的女性吧。「我的人生我自己開拓。」只要抱著這樣的想法，就能克服職業恐懼症。

首先使自己成為適合自己理想職位的人

越忙的人越有時間，
越勤勞努力的人就越能取得最好的成就。
——**亞歷山大・皮埃爾（摩納哥國王）**

理事？常務？我一點也不盼望自己能快速升職，只不過是希望能把正常升職的日程提前而已。想要在職場上生活得光彩，就不能只顧眼巴巴地傻等，對此，有幾點須知。

某獵頭公司對在企業中工作的一百名快速升職者進行了分析。是什麼使他們得以升職？他們又是怎樣從公司的衆多同事中脫穎而出的？根據分析結果來看，他們身上有兩個共同點。一、不用別人督促就能主動地努力工作；二、為了能先人一步升職而努力做到比別人更受矚目。並不是只有快速升職者才具備這兩點，所有那些為了提早升職而努力奮鬥的「有能力的人才」都具備。職業經驗最充實的人才能最終獲得成功。

1 努力工作是必要的，用努力工作來得到別人的矚目

某位在國外製藥公司任總經理的女性曾有過這樣的經歷：在她剛到美國的時候由於沒有拿到工作簽證，所以只能以志願服務的形式工作。早上一起床就先把孩子送到托兒所然後再去上班，她不分白天黑夜地工作，連休息日都沒有。就這樣過了兩個月，她努力工作的事情在公司內被傳開了。有一天她收到了公司正式雇用她的通知。能夠主動努力工作的員工都是熱愛自己工作的人，熱愛工作的員工肯定也是熱愛公司的員工，這樣的職員有誰會不喜歡呢？

有能力的人之所以受到別人的矚目，是因爲他們是「自我雇主」，擁有明確的職業目標。不用別人督促做什麼，就能爲了達成自己制訂的目標自覺主動地工作。

另外，公司內部的人際關係有時和搞政治差不多，關鍵看你有沒有「動作」。不要只是一個人在那裡死命工作，要「投入到」工作中，並根據自己付出辛勞而獲得相應的「成績」，這樣才能被大家認可，這種工作態度也能使你得到上司的提拔。把認可並看好你的上司作爲榜樣跟著學習。沒有必要爲了公司內部的政治鬥爭而過分地劃分陣營，阿諛奉承自己的上司，只要跟隨認可自己工作成果並能指引自己前行的上司就行了。

2 要學會合理安排時間

上午的時間充分利用與否決定著一整天的工作效率。一般人都會在上午查收郵件、查看電話留言並進行回覆，另外還要和同事、上司相互打招呼。就這樣1～3個小時就花掉了。其實這種事情只要15分鐘就足夠了。我們需要提前制訂一個時間分配表，使每天早上能高效率地處理更多的工作。

8:30～8:45　到公司後立刻檢查郵件、收快遞，之後整理今天工作的主要內容。

8:45～10:00　安排1個小時的時間來處理最重要的工作。如果這段時間有同事來找，那就對他說處理完手裡的事情後再去找他。

10:00～11:00 聽一下同事的要求，然後開始處理第二重要的工作。

11:00～12:00 在午飯前回覆重要的郵件和電話，之後再確認下午的工作內容。

前一天晚上睡覺前做些簡單的準備就能節省第二天早上很多的時間。比如，提前準備第二天上班要穿的衣服；把要帶到公司的東西放在包包旁邊。這樣一來，第二天早上就不會慌慌張張的了。

如果星期五下午總是想著週末計畫而無心思工作，那就乾脆把工作放下，提前計畫下週的工作內容。這樣就能避免在星期天想起第二天還有好多工作要做而心煩不已。因爲你已經「完全掌控了工作」，可以很放心地享受週末了。

3 儘管如此，我是行家

雖然很努力工作，但只有取得了一定的成績才能眞正被別人認可。我們把各行業內那些努力工作並取得成績的優秀人才稱爲「行家」。行家可以獲得成功，這是各行業的絕對規則。如果自稱是行家卻沒有足夠的自信，但又想比別人強，「成爲行家」只不過是個貪念而已。因此我們首先需要具備的是想要成爲行家的決心和態度。從基本上講，行家們是以「自己獨有的優勢」作爲主要武器來「出色」工作的，之後再選取一些方法給工作添彩。眞正的行家不會說「因此」，而是會使用「儘管如此」這種表達方式。

在被問到如何能看出什麼人可以成爲領導人才的時候，一家中小企業的CEO回答道：他們會把「儘管如此」這個詞用在工作態度以及向上級的彙報中。用這個CEO的話來說，眞正的行家在困境和逆境中都可以「儘管如此」地處理好工作，而那些不在行的人則會使用「因此」來爲自己有限的能力做辯護。

行家與非行家的說話方式和態度的差異如下：

身體不太舒服（因此／儘管如此）

那個人跟我性格不合（因此／儘管如此）

這件事情不是我負責的（因此／儘管如此）

沒什麼時間了（因此／儘管如此）

這麼做的話會受到損失的（因此／儘管如此）

你使用的是哪種說話方式呢？當然，也不是嘴上說說就行，重要的是，不要盡說些沒用的辯解之詞，說出「儘管如此，但我做到了」的人才是「工作優秀」的眞正行家。

在公司裡，職位多高，所要擔負的責任也就有多大。如果認爲自己的能力足以承擔起這所有一切，並想比別人先升職的話，那就需要明確地瞭解自己擅長的部分和不擅長的部分，爲了彌補自己不擅長的部分而努力地進行自我完善。只要自己成爲了適合那個職位的人，那個職位就會自然而然地擺到你面前了。

想要成功的話就要順從主管

成功是需要才能和運氣的。
所謂幸運是指從他人那裡得到幫助。
——艾茵・蘭德（俄裔美籍猶學家、暢銷小說家）

所謂主管，近了說可以是前輩，遠了說可以是公司的法人代表。如果關係處得好，他們可以有助於我們前行；如果關係相處得不好，則會成為我們工作中的絆腳石，他們會用各種方法來刁難甚至折磨我們。直截了當地說，沒有正好跟你合拍的主管。因此如何與他們和平共處、怎麼樣才能很好地利用他們，這些全都要自己把握好分寸。

30歲的單身男小K在H集團的財務部工作。他在公司內部的人脈很廣，最近又和股票分析部門的主管走得很近。當小K還是新人的時候，那位主管就曾叫他多讀讀商業報刊。他沒有忘記這話，並找到了搭話的機會。「我聽了您的話，已經連續讀了6個月的商業報刊了。但投資的那些股票還都沒有收益，您教教我吧。」那位主管聽了這番話很高興地說：「只有你聽我的話讀了。」於是這就成爲他們兩個開始交流的契機了。

每個人都喜歡認可自己長處的人，主管也是一樣，他們也希望獲得你對他們長處的認可。相同公司或部門的主管跟你有著同樣的目標，那你就很可能成爲他的左膀右臂。你的主管如果不是天生的變態，一般是不會故意刁難你的。

仔細觀察一下你的主管，你會發現他很少有能自己獨自完成的事情。他的業績，其實是包括你在內所有部門成員共同創造出來的。不只業績，他的管理能力也是會被其他人常常評論的一項。他當然希望得到手下職員的認可，更希望能受到大家的尊敬，哪怕每天只有10分鐘也好。另外，多關心關心他（她）吧。當主管煩惱的時候你要表現得十分理解，講個笑話再送個微笑。最重要的是當主管說話的時候，你要看著他的眼神並認眞地傾聽，充分發揮你的耐心，這樣主管對你的好感度也會大大提升。

心甘情願地成爲女主管的朋友吧。越是職位高的女主管周圍的敵人就越多。正在和眾多男人艱苦奮鬥的她，此時正需要能夠全力支援她的人。下班後陪她看電影，陪她去她喜歡的餐廳吃飯，或是聽她講自己的煩心事，這些非常單純簡單的事情可以增進你們之間的感情。

放下面子，爲喜歡現磨咖啡的男主管煮一杯咖啡吧。千萬別覺得有什麼難爲情的，爲男人們沖咖啡不算什麼，重要的是主管會爲你的體貼而感動。

適當的稱讚是百分之百有效的。如同海洋世界的馴獸師，用稱讚能使鯨魚跳起舞來。不管再怎麼木訥，再怎麼理性的主管也會因爲一句稱讚而變得溫柔。可以模仿主管的口氣說「我總是在學您呢。您講話的方式眞是太好了」，或是對他們的新衣服表示稱讚，這樣就OK了。主要圍繞主管們最有信心的方面進行稱讚，如果是男主管的話，那就稱讚他的外貌。千萬不要吝惜這些讚美之語。

那些小腹突出，衣著土氣，甚至上了歲數的主管，誰會去誇獎他們的外貌呢？對他們說上一句「您今天領帶的顏色眞好看」、「您今天的氣色看起來不錯」這樣簡單的稱讚，再加上一絲微笑就可以了。比起稱讚他們業務能力強的那些客套話來說，對他們進行的細小稱讚就是可以打動他們的關鍵。

既然避免不了和主管打交道，那就越過工作那層意義，把它看成是一種「人與人的關係」。多留意主管的性格或愛好，從中找到你們都感興趣的事情並拿出來分享，和主管建立深厚的情誼。

另外，不管多生氣也不要隨便說主管的壞話。要記住，從你嘴裡說出去的話就一定會傳到主管的耳朵裡。當不得已要附和同事的閒話時，一定要注意措辭。無論什麼情況下都要對主管說敬語。如果有同事誘導你說主管的壞話一定要堅持住，不要上當。如果給主管留下碎嘴的印象，那你可能會永遠無法從泥沼中脫身。

如果和所有的主管都處不來，那就說明是你自己的問題。首先你要找出自己有什麼問題。相反，如果主管和手下所有職員都處不來，那說明那位主管有致命的缺陷。這種情況下先給自己畫個保證自己不受「傷害」的圈圈，並想清楚自己該如何在這個「保護圈」內行動。

想成功？想升職？最終你的目標是成爲誰的主管？我的主管現正在煩惱什麼？我有什麼可以幫助他的？掌握好這些資訊之後主動向你的老闆伸出雙手。不管主管看起來有多無能、缺點有多少，他能坐到那個位子就充分說明他有自己的優點。你要認可自己的主管，然後才能看到自己的奮鬥目標。

根據關係的不同而順從不同主管的方法

直屬主管——代理⑪和課長⑫：持有最基本的禮節

大部分時間我們都是和直屬主管在一起工作的，所以難免會因工作而產生分歧。即使有

⑪ 代理（deputy department manager），部門副經理。
⑫ 課長（department manager），部門經理。

意見分歧或小爭吵也不要對他們不敬。要當心自己說的話，小心說錯話。

次長⑬級和部長⑭級的主管：細微的關心

在第一時間把報紙或快遞放在他們的桌子上。選小吃的時候選擇他們喜歡的口味。適當地關注一下他們買的新東西。把這些細小的環節都積累起來的話，他們對你的好感度也就會提高了。

理事⑮，局長級的主管：清楚地表達出你的意思

對公司職員提問，隨時想瞭解職員們的想法，這是理事們的特徵。不要因爲他們突然提出的問題而慌張，你自信地回答問題的同時，也在他們的腦海中留下了深刻印象。

相關部門的主管：正確地處理工作

因爲工作關係，你有可能需要相關部門主管的合作或幫助。你要把工作處理得乾淨俐落，還要隨時注意自己的表情。

---

⑬ 次長（deputy general manager），副總經理。
⑭ 部長（general manager），總經理。
⑮ 理事（director），董事。

給突然感到經驗不足的你一些必要的指點

現在就開始做些只要你稍微努力就能做到的事情吧，以此來獲得些成就感。這樣不論今後遇到多大的困難，都可以使自己充滿克服它的勇氣。

——竹內均（日本東京大學名譽教授）

韓國《Singles》雜誌自創刊以來共舉辦了十多次職業演講論談會。25～35歲的白領女性向那些成功的女前輩們諮詢的問題都很一致，以下就是從她們提出的現實性問題中總結出的六個積累職業經驗的要點：

在激烈的競爭中考入大學，又在巨大的就業競爭中生存了下來。本以爲現在應該穩定下來了，但工作幾年之後開始出現了拚命努力也無法翻越的壁壘，那壁壘的界限很渺茫很龐大。以前一直都是在等著下個階段的出現，可現在不知道該往哪個階段走了。能幫我們解決這些苦惱的，只有曾經走過同樣道路的前輩們了。讓我們聽聽她們的親身經驗和蘊含著智慧的教誨吧。

Q：現在的公司看不到前景，應不應該離職呢？

即使女性明知在現在的公司沒什麼前途，她們也並沒有認眞思索過將來。想辭職，想換工作，煩惱了一段時間之後仍然沒有任何變化，這是因爲對自己還不夠瞭解，對未來也沒有具體的規劃。

首先，你需要繪出自己的職業藍圖，對20～50歲這期間所需要積累的職業經驗做個長期的規劃，那麼你就能根據它再制訂出相應的短期計畫了。其次，當機會來臨時不要按照感性認知去做評價，而應該根據職業藍圖做出理性的判斷，拋開恐懼努力奮進。再者，要隨時保持緊張感，在正當的競爭中讓自己隨時能展現出自己的才能。

Q：怎樣才能在男人中找到自己的一席之地呢？

在與男人相處的過程中，女人的態度大體分爲兩種。一種是像男人一樣堅強，想獲得別人的認可，另一種女人則利用女人的本性想要獲得依靠。前者有可能會引起男人的反感，而後者有可能會被認爲沒能力。

充分發揮女人溫柔善良的本能來思考問題、處理事情，再用獨特的想法和戰略推動工作的進展。沒有必要在開始前就去煩惱，怕別人說自己裝淑女，怕別人說女人就是不行。要得到別人的認可其實並不是透過外在的包裝，而是實在的內容。女人用心努力也是會獲得成功的，而且不比男人差。

Q：工作太累了，想辭職。

當面對殘酷的現實和堆積如山的工作時，你若對自己曾堅信的一切產生了懷疑的話，那不妨在腦海中描繪一下現在的工作在10年後會是什麼樣子。如果希望自己成爲核心人物，那現在經歷的苦難和危機根本就不算什麼。能夠克服失敗的方法只有成功。記住曾經的失敗並堅持反省，失敗的原因也就會呈現出來，應該往哪個方向前進的答案也就清楚了。

想想你在做什麼事情的時候感覺最有意思吧。想想自己最擅長做的事情是什麼，然後傾注自己所有的熱情。每個人都有比其他人擅長的事情，你可以花兩三年時間挖掘一下，便能得到結論。時時刻刻都盡心盡力地去做自己想做的事情，這樣即使現在突然死去也不會留有遺憾。

拋開「學歷不行」、「環境不好」這樣的想法。人們是按照自己的意願生活的，如果心裡已經認定不行了，那怎麼做也都做不好了。只要你十分堅信某件事能行，最終就一定能實現。那爲什麼有時候事情並沒有按照希望的那樣實現呢？這是因爲希望得不夠迫切。想要英語好，想成爲運動高手，但爲什麼不行呢？如果你沒有付諸行動，那就不是你眞心所願的。眞心所願的話，不管周圍有多少阻撓也都會想辦法實現的。

Q：工作三年，到現在還不知道什麼適合自己。

建議積累多方面的經驗，在積累的過程中你就會發現自己喜歡做的事情了。開闊思想就能看清很多東西。脫離現在正在做的工作，思考一下自己工作到六七十歲的時候，最想做什麼、最想成爲什麼樣的人，仔細考慮考慮再給自己制訂個目標。不管要走多遠，要上多少級台階，都不要放棄目標，努力前進吧。

Q：結婚後，家庭和事業能兩者兼顧嗎？

家庭和事業兩者兼顧起來不是那麼容易，但如果付出了很多努力還是沒能做到，那就一定有些原因了。如果想要得到，就一定有所犧牲和讓步。在積累職業經驗的過程中不摻雜別的東西（比如家庭），這是短淺的想法。我們在這個世上可是要活到80歲左右的，從人生整體來看，結婚的意義比想像的要大。不要把結婚看成是阻礙事業發展的障礙。

結了婚的人會變得愼重。就算因爲一時生氣想要辭職，但一想到家人就不會隨便行事了。結了婚之後想把家事和公事都做好可不容易。所以一定要在達到一定程度之前比別人加倍努力。記住，退一步海闊天空。

注意，在感到職業經驗不足的時候不要有以下的想法：

第一，不要認爲所有的事情都一樣。在一時衝動時做出的決定，今後一定會後悔。第二，不要輕易轉入一個與之前所做工作不相關的行業。有很多時候，我們都會做出不切實際的選擇。第三，不要有「到現在爲止一直都是這麼做的，爲什麼現在要改呀？」這樣的想法。不要抗拒變化。第四，不要認爲做完自己該做的事就算完了。如果把事情看得很狹隘，那你將無法預測今後將會發生的事情。

每個人都會有低谷期，能解決這個問題的鑰匙就在你自己的手中。要想不被眼前的難題所絆倒，你需要用長遠的眼光展望一下人生，這樣就能找到答案了。

平衡工作時間和私人時間

所有人在做自己能力範圍內、自己嚮往的事情的時候最閃耀。
但只知道工作不知道休息的人就像不停在跑的汽車一樣危險。

——亨利・福特（美國汽車大王）

在說到工作和私人時間之間的平衡問題的時候，有個詞形容得很確切——「兩難」。 在這二者之間幾乎沒有自由的人。就像某個頭痛藥廣告所說的那樣「你比別人更拚命、更操心，全都因為自己太熱情」。我們既不想懈怠工作，也不願意放棄生活。這兩者之間始終是平行的。現在你需要樹立自己的原則來找到二者的平衡點。

據說地球上所有的英雄都是工作中毒患者？

德國的神經精神科醫生皮特・伯格（Peter Berger）對每週工作60小時以上的人做了研究，將工作中毒的症候分爲三個階段。第一階段，下班後在家工作；第二階段，意識到自己已經工作中毒而開始進行休閒活動了；第三階段，不讓身體休息，不管是晚上還是休息日都工作到疲憊不堪的狀態，給人們展現出一種追求完美的工作狂面貌。

怎麼樣？這就好像現代版的女超人剛剛步入社會，逐漸進化成職業女性。我們這個社會給中毒者加以「兢兢業業」、「有能力」的美名，看起來很華麗，但用她們自己的話形容自己的生活，大多會說「苦不堪言」。全身心地投入工作，就爲了漲那一點薪資，就爲了升職，但其實一點進步也沒有，自己徹底地淪爲一個做無用功加班的機器。因爲埋頭於工作而錯過了好的男人，一味工作下去只會感到空虛，最終會被累倒。

我曾是某個月刊的記者。每個月中有兩個星期都要到凌晨才能下班。身體也變得不如以前了，還曾因爲過度疲勞暈倒過。因爲工作時間的關係和父母之間的矛盾也越來越深。就這樣過了3年，我的私生活完全被毀掉了，最終我辭職了。那是自己曾經十分嚮往的工作，但到頭來一點迷戀一點興趣都沒有了。金善（30歲・公司職員）

在一次相親中我遇到了一個很合心意的男人。第一次約會我騰出了時間，但之後的第二個星期他打電話約我見面我卻有工作要做。第三週我又很忙，他在電話裡對我說注意身體照顧好自己。但這種情況重複了幾週後，他再也沒打電話過來。鄭賢淑（32歲・記者）

我經常加班，當然回家也很晚。但仔細想想又覺得不是沒有時間。9點半下班，10點去運動就行了。但後來發現自己根本沒有心思去做。最近的問題不是時間問題而是心理的問題。週末和朋友聚會喝酒過得也很忙碌，結果發現一週之內我沒有時間去自我充電。申聖賢（30歲・公司職員）

如果不想和上面的單身女性一樣「爲了努力工作，自己的私生活全都毀了」而陷於悔恨當中，那就必須制訂自己的原則，找到工作和私人時間之間的平衡點。

韓國「You And Partners」公司的CEO劉順臣就曾建議我們要通觀全局，積極地保持生活和工作的平衡。

「不能總是一味地工作，一定要保持生活和工作的平衡。如果連續五天認眞地工作了，那週末一定要給自己時間放鬆。邊聽音樂邊運動，或者去遛狗，盡心去享受這些細小的日常之事。透過這些來找回自己丟掉的生活。如果自己的生活沒了，那自信也就跟著沒了。把自己想成是人生的CEO，給自己的人生繪出一張藍圖再進行合理的管理。」

如果過分地犧牲私生活只專注於工作的話就會產生如下的問題：

1 沒有時間找男朋友。這會讓人陷於不安當中，可能會認爲如果今年找不到的話以後就再也找不到了。就算有男朋友，如果交往了很久，則會漸漸地疏忽了他；如果是剛剛交往的，則會讓他覺得你對他漠不關心，很快就會分手。

2 突然哪天不忙了，會爲不知道應該做什麼而坐立不安。

3 和很久沒見面的朋友們見面聊天，會發現自己已經無法融入她們當中了，最終被朋友們劃出了聚會者的名單。

4 偶爾會因爲聽到別人說自己工作狂而不高興。

5 除了工作沒有別的特長。當感到自己在公司中的價值並不大而感到空虛的時候，往往很難恢復。

一般來說工作和私生活的比例爲50：50的時候就達到了最佳的平衡，但這需要根據自己的價值觀進行調節。如果你很享受和朋友見面及休閒生活，那就應該提高私生活所佔的比重；當你因爲職業生活取得了進展而感到非常喜悅的話，那就提高工作所占的比重，但一定不要讓這二者的比例有太大的懸殊。法國心理醫生、暢銷書作家法蘭斯瓦・萊洛的《艾克托的幸福筆記：23種快樂的理由》中說道，眞正的幸福不是很久以後實現的目標，而是就在這一瞬間存在的東西。但是大部分的人們都把幸福當作目標，而忽略了應該享受此時的幸福。爲了做得更好而付出努力可以提高我們的能力，但「一定要做好」的這個強制觀念卻只會讓自己變得消沉。

現在你處於工作中毒的哪個階段呢？應該不會是在爲自己賺10年之後的醫藥費吧？就算是一直努力工作的女超人也應該偶爾休息一下。

區分工作和私生活的方法

1 勾畫出自己的領域。劃出工作與私生活，與工作相關的人和朋友、戀人所占的比例。把這些按照50比50或60比40的比例劃分之後再做調節。

2 把私生活中所需要的事項按照先後順序排列出來。把在家休息、見朋友、跟戀人約會等按順序排列出來，有時間的話就按照制訂的順序一一進行。

3 把工作想成是對自己最好的充電。工作做不好，還讓業餘愛好佔據了大部分生活的人最愚蠢。在工作的過程中會覺得英語很重要，於是開始學習英語，英語學好了，上司就會讓我負責海外市場調查的工作了。

4 制訂每天的計畫，當然也要制訂每個月的計畫。要把寫滿計畫的行事曆放在桌子上顯眼的地方，這樣有助於我們有效地利用時間。

5在公司只做與工作相關的事情，在家只做跟私生活相關的事情。即使加班也要在公司把工作做完。在公司打私人電話，或把工作帶回家做，這會降低我們的工作效率。

6不要想把工作和私生活區分得過於完美。如果和朋友見面聊天時聽到了業界相關的重要資訊的話，那就是你在過私生活的同時也在工作了。

7如果自己十分想做某事，即使讓自己中午少睡會兒也要做完然後再回到辦公室工作。丟掉「只有下了班才能享受私人時間」的想法。

8提前30分鐘上班。早晨的時間是犧牲了睡覺的時間得到的，因此它是有價值的。利用這段有價值的時間讀讀報，檢查這一天的日程安排。

9每週讓自己單獨吃一兩次飯，一邊吃飯一邊讀讀書。讓自己從「只爲了工作而生存」的頑固思想中解放出來。

10不要和戀人用MSN聊天。用MSN進行私人的聊天會讓自己從工作中分心。如果有一定要說的話那就打個電話或發個簡訊。

單身
是我的力量
3

金智熙（BOEING KOREA常務）

機會只給有準備的人

「機會不會從天而降，你要自己去創造機會。不斷努力吧！如果自己的目標很明確，你積累的經驗則會成為你的一大機會。」

用「全力以赴」創造出「最好的結果」。如果你怎麼努力都得不到好的結果的話，那就說明你不是行家。只有爲了得到「best」的結果而不斷努力才能有好的發展。對待交給你的工作，當然首先要有好的態度，更重要的是要有能力去執行。態度和能力二者缺一的話，便會出現不和諧的音符。如果工作執行能力很強但卻很驕傲、很自以爲是，那這個人在公司裡生存不了多久；如果工作很努力但卻沒取得什麼成果，那這個人在公司裡也得不到認可。

所謂行家就是用「全力以赴」創造出「最好的結果」的人。不管小事還是大項目，都要比別人多用點心多盡分力，完美地完成工作。「不管交給我什麼任務，只要我金智熙做就一定會處理好，並會取得好的成果。」對於眞正的行家來說，對手不是別人，而是自己。不停地推動自己前行直到自己滿意爲止，這才是眞正的行家所具備的精神。

多種多樣的經驗是職業的競爭力。人們在工作中遇到問題時，總是會推說別人不對，或是找別的什麼藉口。在埋怨別人之前，最好先透過溝通和交流來調整一下整體狀況，你需要有「博大」的精神。即，你需要有接受「別人的思考方式和自己不同」這個現實的能力。

爲此你要盡可能地積累多種多樣的經驗。所以我經常勸別人去給自己創造到國外的機會。韓國是個出口型國家，外國都是我們的顧客。瞭解更多顧客就能具備更優越的職業競爭力，也就奠定了成功的基礎。並不是說一定要你到國外生活。一次短暫的旅行，或是在國外工作一段時間，或是下狠心辭職到國外進修，不論時間長短，在國外的生活所學到的知識都會成爲你今後的巨大財產。

機會不會從天而降，你要自己去創造機會。不斷努力吧！如果自己的目標很明確的話，你積累的那些經驗將會成爲你的一大機會。

做選擇的時候一定要有明確的理由。眞正的行家不會因年薪不高或因一時的衝動，再或者因爲壓力大而選擇辭職。如果因「現在的工作和自己所嚮往的工作不一樣」，或「想去可以有更多發展機會的公司」這樣的原因選擇離職，那則是對自己職業進行升級的必要步驟。

我在5年之內跳了5次槽。這是因爲別人建議我要在比現在所處的範圍更廣的領域中工作，所以我選擇了辭職。我這是爲了培養自己的能力做出了「能動性」的決定。

對我來說跳槽就是機會。比起現在的職位是否能有所提升，是否能讓我擁有更多的權力、承擔更多的責任，是否有更廣的發展前景，是否能成爲擔當成敗的直接負責人，這些都是我跳槽的動力。因爲我在做選擇的時候理由很明確，方向也很明確，所以才造就了現在的我。另外不論什麼情況，自己都要能夠對自己做的選擇負責。

充分發揮自己「女性」的特權和優勢。

我很爲韓國女性的能力感到惋惜。在海外活躍的韓國人當中大部分是女性，我從沒見過那些爲職業打拚的韓國女性有閒著的時候。她們有自己的一套理論並努力工作著，也因此具有很強的競爭力，但問題是她們都受禁於「凡事都要做得完美」的頑固思想中。爲了獲得那種完美，她們自願犧牲。

無數的職業女性一直以來都把「家庭」和「事業」當作兩個對立面來看，因此過得十分辛苦。在家庭中，同時兼任媽媽、妻子、女兒的角色，爲了不錯過其中任何一個而掙扎著。在公司裡，不希望聽到別人說「女人這樣不行」的話而表現得十分堅強、十分男性化，拒絕一切瑕疵。這就是韓國女性。有時她們那種拚命的樣子讓人看了十分心疼。

這個叫做「女性」的稱呼就像腳鐐一樣將女人們禁錮在過度的責任感和受害者意識中。這樣是不對的，我們應該充分發揮自己女性的一面。像男人一樣和很能幹明顯是兩回事。女性的溫柔在現代社會中是很強的競爭力。不是因爲是「女人」所以不行，而是要去觀察自己和別人有什麼不同的地方。能幹的女人和能幹的男人婆很顯然是兩種不同的評價。

我們首先需要認識到女性的優勢並把其作爲強項來培養。天生的社交及洞察能力、無畏權勢的膽識及談話技巧都屬於女性的優勢。

金智熙，二〇〇三年，26歲的她上任了跨國集團——波音公司韓國分公司的常務理事⑯一職。她在11歲時隨家人移民到美國，大學畢業後進了一家創業投資公司工作，後來去了Hansol Telecom任事業部部長⑰，之後在駐韓美國工商會議所出任政策研究部長，後又當了仁川市經濟特區投資諮詢委員，現在她在波音公司韓國分公司任常務理事。

⑯ 理事（director），董事。
⑰ 部長，general manager。

4

COMMUNICATION

單身並不意味著「隻身一人」

單身並不意味著「隻身一人」。如果害怕孤獨，那就主動向周圍的人伸出手，跟他們心貼心地交流吧，不要再抱著應付的心態與他人見面。從現在開始，向他人表露自己的真心吧。從一個問候的電話開始，從一句感謝的話語開始，讓自己所有的人際關係都動起來吧！

剩下的不是朋友，而是家人

要用希望孩子對待你的方式去對待父母。

——蘇格拉底

單身者最大的弱點就是「一個人」。當自己一個人痛苦呻吟尋求幫助的時候，會發現朋友根本沒用，能幫自己的只有家人。如果就連家人都覺得你人品有問題，不愛理你，那你在這個世界上就真是一個人了。要積極地參與家庭聚會，要向別人證明不結婚的女兒比結了婚的女兒更能孝敬父母。

當有人問起「你給父母零用錢嗎？」有幾個人能很自信地回答「是」呢？能在父母生日、父親節、母親節或是中秋節、春節等節日的時候給一點就不錯了。韓國開發研究院（KDI）針對來自韓國全國的三千兩百人做了一次調查。調查結果顯示，已經獨立的子女中有62％能長期給父母零用錢。大家不覺得心虛嗎？

那些已經結了婚的人說，結婚後給婆家零用錢就已經夠緊的了，根本沒有閒錢給父母；要不就是給娘家人零用錢的話難免得看老公的臉色，想給也給不了。趁著還來得及，讓我們也多盡些子女之道吧。韓國單身女性每個月給父母的零用錢平均爲四千五百元，我們不一定非要按這個平均數給，給薪資的十分之一就行。

如果想和父母一起住的話，鑑於還有伙食費，那就在每個月四千五百元的基礎上再多加一千三百～兩千八百元。既不會有太大負擔，又能讓父母感到「這孩子沒白養」。或者不按月給，存1年期的零存整付，一年下來加上利息差不多能有五萬元，把這筆錢一次全給父母。當然一年一給的前提是父母沒有金錢上的困難。一次給一大筆錢固然感覺很有面子，但如果是平時老受父母照顧，一個月給一次不是比一年給一次更能表達出自己對他們的感激之情嗎？

不論給多少錢，都一定要裝在信封裡面。再往裡面放一張對父母表示感謝的卡片！不要以爲給了點錢就算是「孝敬父母」了。每天打個電話給父母，沒事不要亂發脾氣，慢慢地學會做飯、洗衣服、打掃清潔這些事情。心意比金錢更重要，在盡孝道之前先讓自己活得更獨立些吧。

我們以各種方式表達著自己對父母的小小心意，不如給父母辦個花甲宴⑱吧！當今社會的人有的都能活到八九十歲，所以60歲的父母當然還處於青春年代。我們作爲子女，當然不能讓父母青春的花甲就那麼悄無聲息地過去。難道只有結了婚的子女才是子女嗎？那些結了婚的女人都可以不顧老公的臉色、婆家的臉色爲父母辦花甲宴，那作爲未婚的單身者來說，盡起孝道來不是更方便嗎？

很多60多歲的老人表示，子女在飯店租下宴會廳，請來了很多親戚，甚至請來了樂隊表演，這讓他們感到自己眞的老了，沒有特別開心反倒惆悵起來了。

其實在家裡舉辦個生日宴會更能讓父母開心。提前給父母兩張演出票，讓他們二老好好地享受一下兩人世界。在他們回來之前，和兄弟姐妹們一起煮海帶湯⑲，做一些父母喜歡吃的飯菜，再準備些紅酒和香檳。往生日蛋糕上插上兩根大的數字形的蠟燭，再準備頂生日帽子。父母年輕的時候沒經歷過這樣的生日宴會，因此這樣可以給他們一個很大的驚喜。

生日禮物就準備營養品或是自己親手做的東西，朗讀一封自己親筆寫給他們的信也是很必要的。如果去豪華的西餐廳，那裡安靜的氛圍反倒令人感到不自在。不如送給媽媽一件漂亮的衣服，之後帶她去一家環境相對較好的餐廳吃飯，再送上一束鮮花，這樣會令她無比感動的。

如果父母沒出國旅遊過，而他們本身又很喜歡旅遊的話，那就送他們一個「孝道旅遊」。這個「孝道旅遊」制訂出他們可能會喜歡的旅遊路線，準備好合他們口味的飯菜，還有導遊全程陪伴。如果還準備有卡片想給他們驚喜的話，那就提前把對父母表達愛意的信寫好，請導遊在國外旅行的途中轉交給他們，最好再送上個蛋糕、紅酒，開個小小的生日PARTY。這些費用的標準一般在三萬六千元～四萬六千元之間。如果比這個費用低的話，那父母在國外玩得就不會痛快了。再算上旅遊時需要用到的錢，五萬五千元差不多就夠了。讓我們也偶爾盡一份孝心吧！

---

⑱花甲宴，是朝鮮族的人們為60歲老人舉行的生日宴席。按古曆法天干地支推算，60年作為一個迴圈單元，因此，將60周歲看成周甲或還甲。朝鮮族把60歲看成是人生道路上的分水嶺，因此對花甲禮特別講究。到花甲宴那天，兒女們為老人大擺壽席，廣邀親朋鄰里歡聚一堂，感謝父母養育之恩。

⑲韓國人很注重食療，看到鯨魚受傷時會找海藻類食物療傷，就用海帶來調理身體，憑多年經驗，更相信海帶有助孕婦去汙血，對抗落齒、脫髮等問題，所以韓國女人產後坐月子時都會喝海帶湯，一般會喝三個月，所以為紀念母親生育的痛苦，韓國人在生日時都會喝一碗海帶湯。

和已婚的朋友也要好好相處

當你在人生的逆境中徘徊時，
只有可以和你交心的朋友才會給予你力量。
——**巴爾塔沙・葛拉西安（十七世紀西班牙思想家）**

真丟人啊，都四十多了還和大學同學吵架。鬱悶，我和她們完全不能理解彼此的立場。仔細地想了想，單身女人和已婚女人就好像來自兩個不同的星球似的。跟她們分享友情比駱駝穿過針的眼（出自聖經）還難。

其實，最近和朋友聚會我感到壓力很大。我是一個想什麼就說什麼的人，因此抓住了一起來參加聚會同是單身的小Y胡亂抱怨了一通。

聚會結束後，在回家的路上我感到特別空虛，甚至覺得自己是在浪費時間。每次聚會她們都討論如何讓孩子學習，這也太不顧及我的感受了吧？

到了第二個星期跟她們又有聚會，我極不情願地去了。本來約定的時間是6點，可等了30分鐘一個人都沒有來。我對自己說等到7點再沒人來就回去，結果6點59分的時候兩個已婚的朋友同時出現。她們連句抱歉的話都沒說，也看都不看我的眼睛，我察覺出了什麼。她們肯定聽小Y說我抱怨的事了。最後其中的一個朋友說話了：「我們的聚會貌似沒什麼意義。大家都很忙，卻要強騰出時間過來，挺沒意思的。我們以後還是不要定期聚會了，誰有時間誰聚就好了。我們總是這麼晚見面，散了之後還要趕回家，其實我也覺得挺煩的。」

雖然她們說得很婉轉，但卻讓我明顯感到了她們對我的抗議。而且她們還反問我，她們哪裡老說孩子的事了？反倒是聽我們這些單身者說工作上的事情感到很無聊。而且爲了迎合我們這些單身者的時間，她們一直都很辛苦。

難道單身女人和已婚女人就不能好好相處嗎？我問了問已經做了全職主婦的學妹，瞭解了一下已婚人士的立場。

「我眞的對朋友們工作上的事不感興趣。什麼想辭職啦，什麼老闆怎麼樣啦，總是說些這樣的話題，好像很不知足似的。特別是她們叫我歐巴桑，眞是令我煩透了。還有，當我聽說她們單身的人之間還單獨聚會，甚至還一起去旅遊時，就感到有點心酸。」

其實她眞正生氣的原因另有所在。因爲單身的那些朋友下班晚，所以把聚會時間定在了7點。可到了7點朋友都還沒來，打電話一問，結果那邊說還在開會來不了了。家庭主婦明明可以在白天聚會，爲什麼還非要迎合這些單身者的時間呢？感覺自己根本沒被她們放在眼裡。

那麼單身女人和已婚女人很難相處好的理由是什麼呢？

雖然以前經歷的環境都很相同，但現在開始變得不一樣了。大家都認爲自己很辛苦，總想讓對方遷就自己，因此產生了很多矛盾。已婚女人會認爲單身女人「你目前還很自由很方便」，單身女人則會認爲已婚女人「你又有老公又有孩子」。彼此的抱怨在對方眼裡都成了不知足，就這樣雙方相處得越來越不自在，甚至對彼此產生牴觸心理。

全職主婦總是會感覺自己與整個世界脫節了，感覺好像只有自己遠遠地落在了後面。特別是生了孩子的主婦更是這樣，所以她們很羨慕自由的單身女人。因爲太羨慕了，所以有時候會反應得過於敏感。其實單身者也是一樣。看到已婚的朋友明明什麼都有了卻還在抱怨，自己就會感到不快。

已婚女性的社會關係會比以前有所擴展，出現了老公、婆家這些新的關係。再加上透過孩子上的幼稚園、小學而形成的關係，還有以居住地爲中心形成的關係等等，她們的社會關係不斷地得以擴展。也正因此，在她們的世界中單身朋友所佔的領域變小了。與此相反，單身女性的社會關係仍然是由家人、同學、公司同事所形成的。這樣問題就出來了：單身者會覺得已婚的朋友變冷淡了而且越來越忽視自己；而已婚的會覺得單身的朋友不能理解自己，認爲她們太不夠意思了。

對於已婚的人來說，單身者認爲很重要的事情對她們來說是很不現實的。她們有家務事要做，又有孩子要照顧，怎麼可能去旅遊呢！相反，對於單身者來說，結婚後的那些事情在幾年之後自己也是要經歷的，沒有必要讓這些結了婚的人現在就給我們提前預習吧？那多沒意思。我們上學的時候還能選擇自己喜歡的課程呢，現在當然可以選擇不聽她們嘮叨。由此可以看出單身女人和已婚女人關注的事情不一樣，當然彼此的關係也就慢慢地疏遠了。

單身者什麼時候最需要朋友？中秋、春節、耶誕節、新年還有休假的時候。但這些時候已婚的朋友都不可能和單身者一起過。於是單身者慢慢就會覺得已婚的朋友只有需要的時候才會來找自己。

我研究了一下朋友小Y的生活，她雖還是單身，但卻和已婚的朋友們相處得很好。除了定期的聚會，我幾乎不會單獨去見朋友。而小Y不僅參加定期聚會，還會時不時地到已婚朋友的家去串門子。如果辦事的地點剛好在朋友家附近，她就會提前打電話約朋友一起吃飯或喝茶。見面也不僅只是打個招呼而已，而是會聊很久，彼此都很坦誠，所以也不會因爲哪句話而產生誤會或觸動她們敏感的神經。

她還會把自己工作或者生活上發生的變化詳細地講給朋友聽，而且她和朋友的家人也都相處得很好。讓她受寵若驚的是，在她參加朋友孩子的周歲宴時，朋友的家人都對她照顧有加。

「只有經常見面才有話可聊。所以想和朋友聊天的時候不要只是透過電話，最好能直接見面。不管結了婚還是沒結婚，都是女人，肯定有共同可以做的事情。比如一起逛街，一起去美容院。這種事情都可以和朋友一起去做。」

她說，和已經結了婚當了全職主婦的朋友見面已經成了她的一項休閒活動。和朋友見面聊天好像又讓她回到了那無憂無慮的青春年代，這令她感到無比快樂。

但這並不是說只有單身一方努力就能維持友誼。結了婚的人也有很多事情要做，最起碼要幫單身的朋友慶祝生日。年齡越大，單身者就越會感到孤單（每次過生日都好像是上刑場）。在中秋、春節、耶誕節的時候，給她們發個簡訊問候一下，最好再爲獨居的單身朋友做一些吃的東西送給她們。同時，談話的用詞也很重要。單身者不要稱已婚的朋友歐巴桑，而已婚的也不要對單身的朋友說「你過得很辛苦嗎？那就結婚吧」這樣的話。

結論只有一個：所有的人際關係都建立在理解他人的基礎之上。另外還要多加照顧對方。這可是再簡單不過的方法了。

為什麼女人都不擅長處理人際關係呢？

寬容、和氣，還有愛心
是造就人類美麗外貌的無與倫比的力量。
——**布萊茲·巴斯卡（十七世紀法國著名科學家）**

人們常常會說，女人都不擅長處理人際關係，不知道該如何利用工作中的人際關係，特別是沒有結婚的單身女性更是如此。真的因為我們是女人而且還是單身所以才不容易適應集體生活嗎？不管怎樣這都是對剛剛步入社會的單身女性的偏見。

前輩老K是一名普通員工，在一家男職員居多的公司上班。當我問她「爲什麼女人都不擅長管理人際關係呢？」老K反問道：「女人不擅長管理人際關係不是很正常嗎？」在排名前20的大企業裡，部長職位以上的主管中女性僅佔1%。公司裡，男人佔據了99%的領導席位，公司大部分職員又都是男性，所以男人和男人之間就更容易溝通了。

就像女人和女人見面的時候會有親切感一樣，男人也會這樣。他們有所謂的「都當過兵⑳」的強大的共同點，去了有小姐的夜店也會彼此幫忙保密遮掩。再加上他們在數量上本來就佔優勢，所以他們擁有很值得炫耀的人際關係。尤其是到現在爲止，公司的文化都是以男人爲主的，就連公司舉辦的活動也多是有利於男性參加的。以喝酒爲主的公司聚餐，以踢足球爲主的公司運動會，以及拓展訓練等，這些都是女人難以適應的文化，但確實是公司職員之間促進關係的重要手段。我們常常提到的女性結婚生子的問題，也是影響女性建立人際關係的關鍵。

男人們以性別的優勢爲基礎建立人際關係的另一條途徑是透過學緣、血緣和地緣。「您是哪所學校畢業的？啊～學長！」這麼一句話，公司的老闆就成了自己學校的學長、軍隊的高級參謀、同鄉或是八竿子能打到的親戚。

相反，女人們會怎麼樣呢？很少有人會因爲從哪兒畢業而感到自豪的，也沒想過因爲畢業於同一學校就要走得很近。比起畢業於同一所學校，她們更注重「是不是合得來」、「我們公司的職業道德」，不會想利用學緣來得到什麼特殊照顧，而是先去想「我有這個資格嗎？」男人們會建立起很廣泛的人際關係，而與他們相比，女人建立起的人際關係更深厚。

這些挑剔的女人們建立人際關係的時候不會使用「啊！學長」這樣大剌剌的搭訕，也不會去喝酒應酬，她們會透過對話的形式與他人交流，換來彼此的理解和信任。女人們專屬的社交方法之一——「喝一杯茶」是男人們很難理解的。「喝一杯茶吧」不會像喝酒應酬那樣需要投入很多時間，在任何時候都可以進行，這樣反復幾次人與人之間的距離就拉近了。此外，女人們專屬的社交方法還有一個，那就是「發牢騷」。

女人比男人的優勢就在於，她們可以和第一次見面的人聊些雞毛蒜皮的事情，不管有沒有特別的事情，不管彼此是否熟悉，隨時都可以拿起電話來發發牢騷。但千萬不要說別人的壞話。雖然在背後議論別人可以讓你們迅速親近起來，但這樣會讓自己失去信任感。如果再發揮一下主動幫助別人的無私奉獻精神，那很容易就能和女人們建立起人際關係來了。

在L公司市場部工作的小S說，女性之間的人際關係既有令人羨慕的地方也有令人頭疼的地方。

「有時我會和那些所謂『不婚』的性格挑剔的女人有些接觸。她們有的會因爲很小的問

⑳韓國年滿18到30歲的健康男子都要服28個月的兵役。

題而變得神經質，有的會因爲心情不好而幾天不說話，還有的希望周邊的人能把所有的事情都替她處理好。和她們聊過後，我甚至會想『如果我和她一起工作的話那可就費勁了』或是『這些人在公司估計也得受到不小的壓力呢』。」

當然男人中也有性格不好或很難相處的人，但在社會中生活一段時間就會發現，單身女性中不好相處的人好像更多。這到底是爲什麼呢？

那是因爲她們忽視了職業生活中的人際關係以及建立人際關係過程的重要性。

「如果說職業生活始於人際關係也止於人際關係，這一點也不誇張。我認識的一位非常成功的前輩說：『在職業生活中，如果建立起強大的人際關係網，那你就成功80%了。』言外之意就是人際關係的管理很重要。」

在當今社會中，自動化系統已經代替人們做了很多事情，同事、工作夥伴之間的面對面接觸也逐漸減少了，但是來填補自動化系統縫隙的，還是要靠人。

小S指出，職業生活中的單身女性很難建立起人際關係的理由分爲以下三種：

第一，她們會認爲「不用非得和男人建立人際關係，我只要把自己分內的事做好不就行了？」工作之外的公司聚餐、公司郊遊，或是同事的婚禮、同事孩子的周歲宴，這些都是可以用來維繫人際關係的，所以當然應該積極地參加。如果年齡相仿，經歷也相仿，那麼一般來說不論男女，業務能力都不相上下，但從人情上來講，上司們當然願意把重要的事情交給和自己親近的人做，更想多提拔他們一下。另外，如果和同事有競爭關係，千萬不要把他們當作敵人，而是應該學會把他們拉攏成自己這一派的人。

第二，她們會有僥倖心理，認爲「因爲我是女人，所以即便犯了錯誤他們也會寬容的。」當然誰都會犯一兩次錯誤，不會有人抓住不放或斤斤計較。但如果經常犯錯，領導也就不好再交給你什麼工作，和你一起工作的人也會感到非常累。自己錯了，也不下決心「下次絕對不會再犯同樣的錯誤了」，出了問題的時候總是希望同事來幫忙解決，如果同事不幫忙的話就會覺得很「委屈」。久而久之，有誰願意和這樣的人繼續一起工作呢？做好工作是應該的，處理好公司內部的人際關係也是應該的。

第三，她們會抱有「反正結了婚就會辭職」這樣不負責任的想法。儘管現在抱有這種想法的人佔極少數，但這卻是最危險的想法。如果自己都這麼想的話，周圍的人也當然會這樣看待你的。思想決定行動。反正早晚都是要辭職的，所以也就沒必要建立深厚的人際關係，也沒必要做什麼重要的事情了。

雖然現在職業女性的數量比以前有了很大的增長，但公司中的男性還佔據著80%的席位，並且這些男人中的大部分都具有「如何在職場中生存下來養活一家老小」的固有觀念。在男人的世界裡有個叫做「酒」的獨特的工具來幫他們建立人際關係。因爲這些原因的存在，就算女人不抱有前面所述的那三種想法，她們也很難在這80%的男人中建立起自己的人際關係。

但對於單身女性來說，她們擁有男人所沒有的建立人際關係的獨特武器——善良和責任感。

小S表示，「女性們唯我獨尊的想法，會讓她們下定決心，『因爲我是女人所以要比男人多努力兩倍才行。』只要不再有『我是女的，所以你們應該……』這樣的想法，就可以充分利用自己是『女人』的優勢來建立起穩固強大的人際關係。」

如果你現在處於25～30歲之間，那還處於不能有效地發揮人際關係的時期。人際關係眞正的威力會在五六年以後你成爲負責人，或10年以後你另起爐灶的時候發揮出來。也就是在必要的時候，這些人際關係會以「志同道合」、「支持者」、「投資者」的形態出現。就當作是給自己的未來買一份保險，從現在開始多向周圍親近的人投資，誠心地多爲他們做些事情，哪怕是很小的事情也好。一定要記住，玩可以一個人玩，但工作絕對不是自己一個人能完成的。

不要做狡猾的狐狸，當一隻聰明的熊，要學會大智若愚

善於在世上打拚的人懂得如何說話。說話的時候多注意些吧！一句話就能讓自己和別人的關係有一百八十度的轉變。

——墨菲（J. Murphy）

公司的前輩這樣說：有些人表面上看起來很隨和很愛笑，內心卻在打著自己的小算盤，這樣的人才可謂是職場上的高手。可天性就這樣，也不能強求啊。看到不正當的行為也要一笑置之，被別人背後捅了一刀也要一笑而過，哪有那麼簡單啊？不要做鬼靈精的狐狸，當一隻聰明的熊，要學會大智若愚。這才是在職業生活道路上劈荊斬棘的必勝之法。

已經工作了2年的小M最近遇到了一件十分荒唐的事情。同一組的同事小S有個工作沒能按時完成，當上司責備她時，她立刻回答道：「小M有事情請我幫她做，我一直在做那個，而且工作量很大，以致我這件事情沒能按時做完。」就這樣把全部的責任都推到了小M身上。小S給人留下了好印象——儘管自己很忙還幫助別人，是個不會拒絕別人的善良的人，並且順利地脫離了危機。而小M則成了個把自己分內的事情推給別人做的無責任感的人。小M十分委屈，雖然滿腦子想的都是被小S捅了一刀，結果卻什麼也沒說出來。

「看到小S對上司獻殷勤並贏得了上司的歡心，同時感到自己像隻沒出息的笨熊。」「我沒做錯什麼，但因爲對方一句話我成了一個傻瓜，甚至成了個壞人，眞是太委屈了，好像被人從背後捅了一刀。」從這些話中就能體會到每個人都對狐狸般狡猾的人懷有憎惡感和警戒心。

盲目地把「狐狸」和壞人之間畫上等號去譴責就能消除你的憤怒和冤屈嗎？當然，這樣會達到一定的安慰作用，但不管「如何使自己成爲受男人歡迎的狐狸精」的秘笈有多受用，大部分的人們只要聽別人說自己「像隻狐狸精」，都會認爲是在說自己「是個卑劣的壞人」，還不如說自己像隻笨熊呢。

每次都被動地應付則會讓那種不快感和挫折感不斷重複。如果現在因爲身邊的一兩隻狐狸精而頭疼的話，那當下一個狐狸精再出現的時候，就應該學會如何狩獵了。

其實對付那些明著耍花招的「狐狸」很容易，因爲大家堅信「那些狐狸精花招耍多了早晚都會遭到別人厭惡的」。但如果中了高手的招，事情就沒那麼簡單了，因爲她們很善於把人玩弄於股掌之間。

韓國人際關係管理專家朴由熙給我們的忠告是：「從長遠角度來看，做一隻假裝善良的熊比做狡猾的狐狸強。要學會大智若愚。」狐狸雖然聰明，但因爲很惹人討厭，所以在很多地方都會樹敵；熊看起來很憨厚又肥嘟嘟的，很隨和，會有很多支持者。但要強調的是，一定要做一隻表面上看起來很隨和、很愛笑，但內心卻要懂得精打細算的聰明的熊。

小M不應該憋在心裡不說出來，而是應該當場回敬小S一句：

「天哪，我當時問你手裡有工作嗎，你說沒什麼可忙的，我以爲眞沒事呢。早知道這樣的話我就自己做了。還眞是對不起你啊！」

如果不想被手段高超的狐狸在背後捅一刀或成爲替罪羊的話，那就要明確地告訴她「我可不是那麼好欺負的」。只有這樣才能阻止同樣的情況再次發生。

當一隻狡猾的狐狸，不如當一隻聰明的熊。但是一定要做一隻能說會道的笑面熊。

人際關係很重要，現在就把大家都弄成自己這一派的

與他人關係融洽的紐帶只存在於我們心中。

——馬塞爾・普魯斯特（法國著名作家）

有統計資料顯示，每個人在一生中平均會遇到10萬個人。我們的手機電話簿中一般存有三百多個號碼，也就是說到現在為止我們還有幾萬個人沒有遇到。今天又受上司的刁難了？和媽媽吵架從家裡跑出來了？雖然沒有人際關係的正解，但我們對待對方的態度是可以透過努力來改變的。

和別人相處得不好，感到別人不把自己當回事，這所有令人不舒服的人際關係中都有你自己的因素。那些被你忽視掉的表示稱讚或感謝的一句話，以及一通電話都能將你的人際關係引向成功或失敗。其實需要改變的不是別人而是你自己。

讓我們看看以下9個步驟，學習一下如何收服人心吧。

STEP 1　首先要經常見面

人們之間的距離越近，彼此的關係也就越親近，這就是所謂「臨近性的效果」。經常見面的話可以增進感情，還會喜歡上彼此。首先要經常見面，如果對方沒有聯繫，那自己就先聯繫對方；如果不方便見面，那就發個簡短的郵件問候一下。與節日時發的千篇一律的簡訊相比，平常的一封郵件更能傳情達意。讀書或看報時看到了對方會感興趣的內容，就發郵件給他／她一起來分享這有趣的內容吧。

STEP 2　穿著代表一個人的價值

《小王子》中有這樣一段話：「小王子從B612行星來，一九〇九年被人發現。一位身穿土耳其傳統服飾的天文學家發現了他，但沒有人相信他的話，因爲大家以貌取人。後來這位天文學家身穿歐洲人的服裝，又重新發表他的報告，大家就接受他的發現了。大人們就是這樣。」神總是會看人們的內心，而人們只會先看外表。讓自己的穿著符合T.P.O.（time時間，place地點，occasion場合）吧。沒有人願意和沒有價值的人走得很近。

STEP 3　誠意稱讚

沒有人會不喜歡別人稱讚自己，但如果不管對誰都用同一種形式反復稱讚的話，就會被認爲是在阿諛奉承。稱讚別人也是需要誠意的。第一，用具體的話代替抽象的客套話。第二，要找出別人沒有稱讚過的或是他自己本人也不知道的部分進行稱讚。第三，覺得他快要發火的情況下，向他送去意外的稱讚之語。第四，在狠狠地指責了對方的缺點後，要去稱讚他另一面的優點。如果你不關注他的話，這種稱讚是說不出來的。但當你稱讚了對方之後緊跟著指責他的缺點的話，會讓對方覺得你是個小心眼的人。

STEP 4　要肯定別人的好意

別人請喝一杯咖啡，有人會說「很好喝！謝謝你」表示謝意；別人請吃大餐，有人會覺得那是理所應當的，連一句感謝的話都沒有。如果感到了別人的好意，就應該積極地表示感謝。這樣自然就會多加關注那人，也會和他走得近了。

STEP 5　意外的造訪或送禮

不是很熟悉的人突然來訪，雖然會讓人覺得沒有禮貌，但如果是見過一兩次以上的人突然來電話或來訪的話，反倒說明兩人可以相處得很好。如果人家說「正好路過這邊就過來看看」，至少要拿點飲料招待人家。人與人之間的情誼不是用貴重的禮物或高級的西餐來衡量的，而是來自於「經常掛念對方的那份心意」。

STEP 6　給人方便即給自己方便

想找那些從沒求過人的人辦事是很困難的。因此先主動向別人發出請求吧，比如借個午飯或咖啡的錢，或是幫自己挪個沉重的桌子這樣不會給別人帶來煩惱的請求。這樣對方很容易反過來請你幫忙做些事。如果對方有求於你，一定要爽快地答應。

STEP 7　如果犯了忌諱的話，佛祖也不會幫你的

孟子戒：「勿言人之不善」，但還是有人把這話當耳邊風非要去犯別人的忌諱，這就會引起一些不快。這些人的特徵是往別人的傷口處撒了鹽自己還沒意識到，還繼續沒完沒了地說，自以為自己做得很對。不管兩人的關係有多好，不管是否出於好意，都不要去揭對方新

的或舊的傷疤，不要說出對方最忌諱的話。如果是對方要求你指出他的缺點，那也要連帶著他的優點一起說出來。

STEP 8　要做好善後工作

當彼此之間有利益關係的時候，很容易就能走得很近；當利益關係結束的時候，彼此就很難再行動一致了。路遙知馬力，日久見人心。千萬不要用人朝前，不用人朝後。如果獲得了別人的幫助，事後也要主動打個電話給人家或發個簡訊以表謝意，一通感謝的電話可以使你的人際關係更深一步。一定要記得做善後工作，不要只在需要幫助的時候才聯繫別人。

STEP 9　現在就開始行動起來吧

有人平時連一個電話都不打給別人，只是在有困難的時候才會裝得很熟；有人過得好的時候一點消息都沒有，只有寂寞的時候才會打電話給別人發牢騷；有人只有需要幫助的時候才聯繫別人；也有人只是在需要別人的推薦信的時候才會送禮物、發郵件。以上這些你佔了幾個呢？要好好反省反省。如果突然想起了某人，那就打個電話問候一下，說句感謝的話。從細節做起，讓你所有的人際關係都動起來。如果你一直想這樣做但都沒有實際行動的話，那就從現在開始行動起來吧。

現在你需要學的是聰明的說話技巧

人之所以有一張嘴，而有兩隻耳朵，原因是聽的要比說的多一倍。

——出自猶太經典《塔木德》

「詞不達意」常讓人感到鬱悶，但最近好像沒有不善言辭的人。不單電視上出現的人個個能說會道，公司前輩們振振有詞的談話也令自己慚愧，以至於和戀人爭吵時都很蒼白無力。為了能更好地融入社會，你先要掌握一些說話的技巧。

「其實我是個什麼都不會的笨蛋。因爲60多名工作人員給我擺好吃的，我只管坐著吃就行了。可最後聚光燈只照在了我一個人的身上，所以很對不起他們。這個獎的一點點碎片才是我的。還有我要感謝總是在我身邊爲我加油的全度妍女士。（望著全度妍）跟你一起出演這部戲對我來說是個奇蹟，謝謝你。最後感謝我的家人，我親愛的弟弟和姪子，以及正在上演黃正民命運的我老婆，我想把這個獎獻給你們。」

這是以電影「你是我的命運」獲得韓國第26屆青龍獎最佳男主角獎的黃正民的獲獎感言。

黃正民的這段獲獎感言一下子成了全世界議論的話題。它打破了千篇一律的獲獎感言，書寫了新的歷史。他風趣地貶低了自己，在那精短的話語中充分地發揮了自己的人格魅力，讓人們領教到了語言的威力。如此看來，說話的技巧是可以超越外貌與實力的。如果你已經兼備外貌和實力，再善於言表的話，那眞可謂是錦上添花了。

那怎麼做才能聽到別人稱讚自己會說話呢?

美國心理學家雷納德·佐寧博士（Leonard M. Zunin）指出，要想練就能夠吸引對方的說話技巧，就需要全神貫注於前4分鐘。如何能在一開始就給別人留下好印象是很重要的，這需要「幽默的能力」。只要給別人留下一次「這個人很有意思」的印象，那之後不管你再說什麼別人都會對你敞開心扉、送出微笑。

說話時不要不經大腦想到什麼就說什麼，而應該仔細斟酌之後再說出重點的內容。如果給別人留下「他說的話既沒意思又沒用」的印象，那他們是不會忍著聽你把話說完的。再想改變他們對你的看法就會需要很長的時間。

說話的時候，要在開頭和結尾說出要表達的核心內容，中間可以舉些例子或列出理由。這種說話方式最有效果。若想引起別人的好奇，可以把核心內容放到最後。但若是話題比較無聊，還是在開頭闡明核心內容比較好，因爲聽者很難耐心堅持到最後。先聽核心內容，再聽列舉的事例，這樣既便於聽者理解，也能避免之後還要重複說明。這也正是我們在新聞、報告中使用標題的理由。

另外，在闡述核心內容之前，先留出幾秒轉變話題的間歇。這能使聽者提高注意力，在幾秒的間歇中聽者也能在頭腦中整理前面聽到的內容，並做好繼續聆聽的準備。

讓我們舉個韓國前播音員孫石熙的例子。他既沒有明星架子，說話又不拐彎抹角，以說話大方、得體聞名。他很擅長用言語去吸引別人，他的這種說話技巧堪稱無人能比。

平常要多讀多看，這樣講話時可以舉一些實例，或用一些適當的比喻，可以提高語言的說服力。比如在講述成功的秘訣時，舉一個成功人士的例子比說一百句「要勤奮」「要誠實」這樣的話更有效果。

從別人的成功經驗講起，或從大家都瞭解的人的故事講起。如果和對方是第一次見面，那就利用偶然聽到的對方的資訊，或者以自己和對方的情況舉例來說。但所引用的訊息一定要準確，以便在對方再深入詢問時可以順利地應答出來。

要想善於言表就要熟練地掌握比喻式的會話方法。「用擱置了50年的鐵板烤肉的話，五花肉會被烤糊的。」　韓國國會議員魯會贊曾憑藉這一句話在二〇〇四年的國會議員選舉中將民主勞動黨推向了成功。若想培養這種能力，還需要多讀書多思考，在腦海裡模擬出各種場景再加以練習。

最後要記住，對話絕對不是一個人能完成的。多關注一下正和你聊天的人，多聽聽他們所說的內容。人們在和別人說話的時候總是會說「我怎麼怎麼樣」，如果換成說「你怎麼怎麼樣」，這樣就能獲得很多對方的資訊了。只要用心傾聽對方所說的話就能讓你在他心目中的好感度上升。

讓我們拿韓國國民主持人劉在錫來舉例，他可謂是韓國最受歡迎的主持人了。在他主持的綜藝節目中，他絕對不是主角，爲了能讓別人說得更精彩，他總是充當引導鋪墊的角色。儘管很多人都站在自己的角度上說出很多話，他還是願意去做引導鋪墊，那是因爲他緊緊地把握住了節目的核心，可見他的能力絕非一般。

和別人說話的時候可以略微貶低自己稍稍抬高對方，這樣能讓對方感覺很溫暖很舒服，也能使他們感覺和你聊天很開心。

在與對方對話時要學會傾聽，再棒的說話技巧也代替不了它。在和對方開始對話之前先用你真誠的態度來決定談話的成敗吧。如果能讓對方感到你對他（她）說的十分感興趣，那你們的談話就能夠順暢地進行了。

單身
是我的力量
4

許美霞（NABICOM理事）

現在就抓住身邊的人的手

「經常和身邊的人單獨相處來分享秘密吧。兩個人單獨相處的話會彼此表露真心，彼此分享秘密，相互瞭解對方的快樂和痛楚，沒有什麼比這個更能拉近兩個人的關係了。」

初次見面，要學會發現對方的優點。一般來說我不會討厭別人，而會去喜歡他們。我總是努力地尋找對方身上值得我喜歡的優點，只有這樣才能用眞心去和他人交往。假惺惺假裝熱情的話馬上就被揭穿的。每個人都有優點，試著找出對方身上的優點並誇獎出來，穿著、皮膚、耳環等等什麼都可以。這些稱讚可以緩解初次見面的人之間的那種緊張感。摘掉假惺惺的面具再緩解了緊張的話，兩個人之間的距離就會一點點拉近，相處起來也會很融洽。

經常和身邊的人單獨相處來分享秘密吧。兩個人經常單獨聊天可以很快地拉近兩人間的距離。許多人聚在一起的時候，大家往往要聊所有人都感興趣的話題，比起那種自然的、眞心的交流，這種集體式的聊天盡是說些面子上的事。就算出席十次這樣的場合，彼此交換十次名片，也不會有什麼收穫。如果是兩個人單獨相處的話就會彼此表露眞心，彼此分享秘密，相互瞭解對方的快樂和痛楚，沒有什麼比這個更能拉近兩個人的關係了。

多聽不多說。所有的人都跟我聊他們的秘密。當然並不是任何時候我都能幫忙想出解決辦法，可我卻會用心去傾聽，並且守口如瓶，絕不會把秘密告訴第三個人。這樣一來別人對我就充滿了信任。

不管和什麼人見面都聊聊吧。我在搭車回家的路上常會和司機聊天。以一句「您好」開始，聊一些時事性的問題。我家住的地方有個很高的坡，而且路很窄。但因爲之前跟司機先生聊了一路，多少拉近了我們之間的距離，所以當我要求他開上去的時候，他也不會抱怨什麼。最後下車的時候再說句「辛苦了，謝謝您」，這樣能讓我們雙方都有個好心情。我不只和計程車司機這樣，跟別人也都一樣。

10年前，我剛工作沒多久的時候，經常聽周圍的人提起化妝師李京玟室長，我認識的一些重要的人物都誇她是個很不錯的人。所以當我再和這些認識李京玟室長的人見面的時候，我總是會說「我也想見見那位女士」。後來有一天我去美容室做頭髮，在那裡見到了她。當我自我介紹之後，她馬上笑著說：「啊！許美霞！我聽好多人跟我說過你。我也一直想著一定要找個機會見見你呢。」李京玟室長因爲體型的問題常常爲該穿什麼衣服而煩惱，在那之後我就成了她的服裝顧問，慢慢地我們變熟了，現在就跟親姐妹一樣。

主動給予別人幫助。我想起了和NEWTING廣告代理公司的李成九部長初次見面時的情景。那時他才剛剛開始工作，而當時我身爲一個廣告主[21]做得正紅火。我們一起參加了一個雜誌社舉辦的海外旅遊活動。看他總是一個人，我就主動跟他說話，並把我認識的人叫來一起玩。回到首爾後他被公司委派了第一項任務，於是打電話問我能否利用一下我的關係。因爲相信他，所以我爽快地答應了，讓他跟別人說他是我表弟。他利用我的人際關係順利地完成了第一項工作任務。那之後我們一直保持聯繫，現在就跟親姐弟一樣。

我忘了什麼時候我對他說過這樣的話：「我是個單身者，萬一哪天我爸爸去世了的話，我就眞不知道該怎麼辦了。一想到這兒我的心情就很沉重，到時你可一定要幫我啊。」後來這話連我自己都忘了，但他還記得。他說當我對他說這句話的時候，他感到原來他對我來說是個很重要的人物，並且下定決心不管以後我有什麼事情他都會義不容辭地幫助我。

和別人見面的時候不要敷衍，而應該付出更多的感情。我認爲自己比別人的人際關係更強硬，因爲別人的人際關係都屬於那種短期型的，而我的則是長期積累起來的。和我關係好的這些人我們都已經認識十多年了。透過工作認識的，如果合得來的話就把他們變成自己這一派的人，這樣不斷地有「新人加入」，人際關係也就越廣越硬了。和這些關係好的人就算一年只見一兩次也不會感到尷尬，因爲我們被一根叫做「絕對信任」的粗繩綁在了一起。經常見面的話反倒會使大家分成一個個的小幫派。

我和演員李慧英、嚴正花和金惠洙都是

㉑ 廣告主，廣告活動的發佈者，是在網上銷售或宣傳自己產品和服務的商家，是聯盟行銷廣告的提供者。任何推廣、銷售其產品或服務的商家都可以作為廣告主。

透過李京玟室長的介紹認識的，之後我們關係變得很好，也已經相處十多年了。李慧英剛剛進入演藝圈的時候親自來到我們公司選衣服。她的性格直爽，主動對我說有時間的話一起喝杯茶。就這樣我們對彼此敞開了心扉，關係越來越好。不久前她因離婚問題陷入困境時也是我陪她一起度過的。因爲她是先主動對我交心的，所以我也會很自然、眞心地和她交往。

坦白地道出原委，眞心地請求別人的幫助。在求別人幫忙的時候，我會把自己目前的狀況如實說出來，並且會坦白地說出自己有多需要對方的幫助。對方往往會被我的眞誠所打動。當然我不會在這個眞情表露的過程中使用什麼詭計。

許美霞，NABICOM廣告代理公司理事。她的人際關係遍佈雜誌媒體、廣告界和演藝圈。演員李慧英、嚴正花、金惠洙，化妝師李京玟，以及服裝師朴俊型都是她的好朋友，他們交情深得好像一家人一樣。對那些僅僅透過工作認識的人，她給出的都不是名片而是自己的真心。她說維護並拓展自己人際關係的唯一方法就在於「真心」二字。

5 MONEY

單身者的未來
取決於經濟能力

單身最主要的價值當然是體現在自身的經濟能力上了。應該為自己今後的十年制訂一個詳細的理財計畫。不要只顧當前享受，而是應該為自己未來的幸福進行投資。單身者的未來取決於經濟能力，從現在開始就著手準備吧！

單身女性無節制地花錢將使自己的未來面臨窘境

我從來沒把錢看得很重，
但用錢獲得的自立對我來說卻有很多意義。

——可可・香奈兒

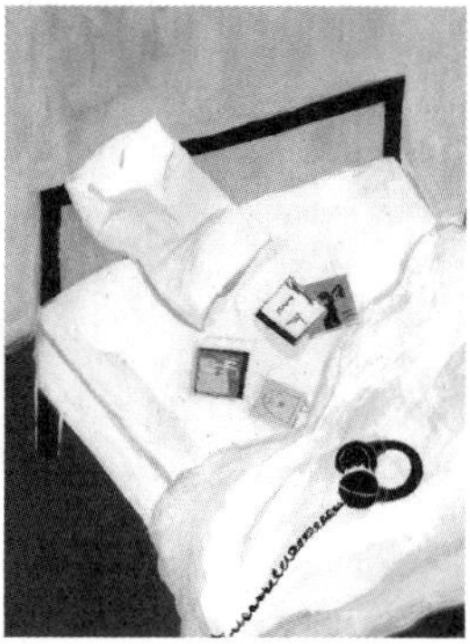

單身最主要的價值當然是體現在自身的經濟能力上。專家們建議單身者應該把自己收入的50%都存起來，如果手頭足夠寬裕的話，那就存70%。為了使自己能把大部分收入都存起來，最須具備的就是高效的消費習慣。現在，消費也是一種理財。讓我們來掌握透過消費來獲取利益的方法吧。

我的一個朋友全身上下穿的都是名牌，一向都把自己打扮得漂漂亮亮的。平時還透過健身、學習不斷提高自己的能力和價值。「她一個月賺多少啊？還什麼都做，什麼都買？」她是個普通的公司職員，工作了兩年，每個月平均薪資大概五萬四千元左右。她把薪資的70％用來買基金、定存、買保險等，十分認眞地做著自己的理財工作。

「我的薪資並不算高，但也能做些理財。我之所以能做自己想做的事，是因爲我付出了很多努力。如果我對什麼感興趣，就會仔細琢磨怎樣才能用最少的錢獲得最高的收益。我會做很多對比。比如存錢的時候，我會對比各個銀行的利息。爲了能瞭解哪家銀行可以多給0.1％的利息，我會在專門對比銀行利息的網站上泡上幾天。我會去學股票的相關知識，掌握股票的動向，之後去投資基金。買保險的時候我也是仔細地研究了一陣之後，買了兩份我認爲自己很需要的健康險和意外傷害險。」

她從來不會不把小錢當回事。很多女性看到路邊攤賣的十來塊錢的項鍊耳環那些小飾品，就會覺得便宜，忍不住想買。其實這種小錢還是不花爲好。這些東西她寧願只有一個，要買就買好的，哪怕貴點都沒關係。她說這反倒是一種省錢的方法。最重要的是薪資裡除去存起來的那部分錢，剩下的部分應該怎麼花，應該給自己制訂一個消費的優先順序，這樣才不會亂花錢，最好再利用網路帳簿經常記帳。如果有了閒錢或漲了薪資就再投資些其他的理財產品。

TNV資產管理師的崔寶拉研究員評價我的這個朋友已經達到了「理財專家的水準」。她很清楚自己應該怎麼存錢、應該怎麼花錢。像她這種認眞、努力又勤勞的人將來一定是個富婆。看了我這個朋友的例子，可能很多人都會想「這我也能做到」。但越是看似簡單的事情實踐起來就越難。

專家們建議單身者應該把自己收入的50％都存起來。那剩下的50％應該怎麼花呢？三星證券理財經理高奎賢代理說：「消費也是一種理財。我們要掌握透過消費來獲取利益的方法。」使用現金消費享受不到什麼折扣，而用信用卡或其他金融商品消費能得到積分，還能享受打折，這樣花出去的錢就變相轉爲收益了。

錢應該怎麼花才對呢？這裡舉了三名單身女性自己花錢的獨到體會，我們來看看吧。

CASE 1　信用卡派

小S主要持信用卡消費。雖然每個月薪資的一半都用來還了信用卡，但可以享受退稅補貼㉒和打折優惠，還能獲得積分，她認爲自己過的還算是經濟的消費生活。

趕緊給自己辦個定期存款的存摺吧。再把信用卡的透支額度降低些，提高自己的存儲額吧。但這並不是想批判小S的信用卡使用方法。持適合自己的（自己主要消費領域有優惠的）3～4張卡消費可以換得積分，獲得打折優惠，這也是個不錯的方法呢（但信用卡的透支額度一定要在自己的償還能力範圍之內）。

CASE 2 取現派

小K每個月都會將這個月要用的錢提前取出來。每天只往錢包裡面放一定數額的錢，每天都會在這一定的錢數範圍內進行消費，她認爲這是個明智之舉，讓自己最大限度地控制了支出。

一般手裡持有現金的話就很容易陷入「想花掉的強烈欲望」中。但小K意志堅定，消費習慣也很規律，這是値得稱讚的。可是如果把錢存入「CMA帳戶（綜合資產管理帳目）」的話，一年就可以獲得4％的利息。想到這，不由得爲小K的取現習慣感到惋惜。再精打細算，每個月也要花掉一萬七千百元。可是如果把這一萬七千元存在CMA存摺裡，那一年就能獲得570～720元的利息，相當於兩頓午飯的錢呢，眞是可惜了。

㉒ 退稅補貼，韓國人在持卡消費後向商家索要單據，在每年年底或年初的時候可以拿著積累的發票去指定地點辦理退稅的優惠政策。

CASE 3 借記卡派

小H習慣往錢包裡放一張借記卡（Debit Card，又稱扣帳卡，先存入金額後消費，但不能透支使用）和一千五百元現金。大額消費使用借記卡，小額消費則使用現金。她每次去提款機取現的時候都會檢查一下卡中的餘額。

韓國的新稅法將退稅補貼率從15%提高到了20%。這樣一來，使用借記卡可以獲得和使用信用卡等額的退稅補貼，因此借記卡獲得了不少人的青睞。但是爲了避免過度消費，使用借記卡也需要一些技巧。可以按照自己的消費方式把錢分散存在幾個存摺裡，比如，分別建立月支出帳戶（借記卡帳戶）、零存整付帳戶、生活開銷帳戶等等。

身爲單身的你爲今後的生活做了多少準備呢？如果你只會花錢而不會存錢的話，就只能眼睜睜地看著身邊的朋友一個個變得富有。你是希望自己老了以後過得富裕還是窘迫呢？這完全取決於你自己的經濟能力。從現在開始就著手理財吧！

論一杯咖啡的消費與幸福的關係

想要迅速成爲富翁，就要懂得經營自己的財富。
——塞內加（古羅馬哲學家）

「二〇〇六年六月十九日，我平生第一次負債。曾經餓得要死的時候都沒向別人借過錢，凍得要死的時候也沒喊過自己困難，而在我工作了以後，在我自己養活了自己18年之後，我卻開口向別人借了錢。」

6月份的時候我向父親借了兩百七十多萬元做投資。本來是想拿房子做抵押向銀行申請貸款的，但相關政策突然嚴格了起來，最後只得向父親借了錢。只是把錢從這家銀行轉帳到另一家銀行的工夫，我身上就背了兩百七十多萬的債務，連個錢的影子都沒見著。

成了負債人的那天晚上，我坐在桌前算起帳來。每個月我是還8萬元，10萬，還是還14萬元……就這樣我算了又算。分析的結果不容樂觀。一個月如果還14萬元的話也得還20個月。再加上利息的話怎麼樣也得還2年。可14萬元是個大數目，我應該還不起那麼多，那就一個月還8萬元，這麼一算……啊！要還3年！可我每個月眞的能還上8萬元嗎？一想到這些，心情就變得沉重起來了。我的支付能力到底是多少呢？

雖然我買過兩次房子，也投資過股票，銀行的各類存款也都嘗試過，但負債還是我40歲以來第一次嘗試的經濟行爲。有人說債務也是財產？可財產能讓人揚眉吐氣，而債務好像只會讓人瑟瑟發抖。只要一想到要還債，我就會眼前一片漆黑。

我決定開始記帳。不是爲了省錢，而是想瞭解自己每個月把錢都花在哪裡了。每天我都帶著個小本子，一花了錢就記下來，每個星期統計一次。奇怪的是，每次記帳的時候我都不好意思寫了。我並不是爲了要省錢才記帳的啊……

開始記帳的第一個星期，我交通費花了1,975元，餐費花了3,530元，購物花了1,340元。第二個星期，交通費花了2,400元，餐費花了3,649元，購物花了1,692元。一個月後我做了下統計，交通費花了9,345元，餐費總共花了10,570元，購物花了12,198元，娛樂休閒花了3,310元。這裡面除去工作上的事情花的錢，我一個月花了21,932元。結果眞是令我驚訝！我本以爲自己一個月得花8萬～11萬元，這麼一記帳發現自己節約了30％的開支。當然這個月沒買什麼衣服和書。但光把賬列出來起不到什麼實際作用，於是我針對每筆支出都做了進一步分析。

分析後發現，這一個月的花費中，有兩項花得最令我心疼：一項是交通費，一項是咖啡錢。自從公司搬了家我上班就近了，於是我以沒有直達的公共汽車爲理由每天坐計程車上下班。雖然坐計程車到公司只花30元就夠了，但每天都這麼搭計程車，一個月算下來差不多要花8,230多元。如果坐公共汽車的話，每個月1,646元就足夠了。眞是差了不少錢呢。

星巴克還眞是種奢侈的消費。我的帳簿上記錄著：6月20日 星巴克120元，21日70元，23日450元，24日350元。如果再請別人喝的話，一個月光咖啡的消費就得13,800元。眞夠可怕的。如果不去星巴克的話每個月能省8千～1萬元呢。

這下我可以計算出一個月可以還給父親多少錢了。如果控制好的話，一個月可以還10萬元。如果趕上換季需要購物的月份那就一個月還8萬元。本來我還猶豫要不要把自己投資的變額年金保險和基金定投都取出來，但我算了一下帳，發現把已經投了錢的這些理財產品中途停掉的話會損失不少，最後還是決定不取了。

那應該怎麼控制支出呢？①我將錢劃分到了兩個存摺上。把每個月的薪資和收來的房租放到一個存摺裡，再把還信用卡，買變額年金保險以及基金定投的錢存在另一個存摺裡。每個月發薪資的日子我就會把錢透過網銀轉賬還給父親。②把每個月要花的錢都取出來放在家裡，錢包裡只放2.700元，花完就再放2.700元進去。大部分的支出刷卡就可以了，我每天晚上都會把刷卡消費的單據拿出來進行整理。③每個月收到信用卡的帳單後，我都會把自己消費的內容分類統計。這樣就可以知道自己把錢都花在哪兒了。

記了兩個月帳之後，我漸漸抓住自己消費生活的規律了。3個月之後就算不再記帳，也不再有什麼大的變化了。但同時，自己產生了「病態」：滿腦子整天都在想錢的事情，每天晚上翻著小帳本不停地嘆氣。就連父親多看我一眼，我都會不耐煩地說「我會盡快還錢給您的」。

5個月的時間裡我一共還了85萬元。以這個速度還下去的話，二〇〇八年到來之前我就能把兩百七十多萬元全還清了。比起之前計畫的3年還完快了不少呢！而且我的變額年金保險和基金定投還都「完好無缺」！當然我運氣好，向父母借錢省下了很多利息。

我現在真是挺後悔的。如果自己再早點負債，30歲之前就負債的話，那就能早點養成正確的理財觀念了。不僅如此，還能養成良好的消費生活習慣。

我掙了11年的錢之後才買了自己的房子。直到花了買房的「大錢」，我的頭腦中才第一次出現了「錢」這個詞。（但可惜的是這個房錢是在我積蓄範圍內的，我沒有負任何債就買下了它。）之後我又換了公寓，要每個月交房貸，直到那時錢的概念才在我的頭腦中變得深刻起來。最後這次負了兩百七十多萬的債，我反倒開始後悔要是早點負債就好了。要是二十五六歲的時候就負債的話，我就不會像以前那樣隨便花錢了，而是會有一些負擔。不管我再怎麼無知，也會培養起自己的理財觀念的。再加上爲了還債，我會制訂自己的消費計畫，也就早早地養成良好的消費生活習慣了。雖然這有點「死後求藥方」的意思，但如果我30歲之前就借錢來買房子的話，也許我就不會像現在這麼蠢了。

因此我再次奉勸大家，如果眞是覺得自己沒有理財頭腦，那就買房子負債吧。這樣的話不管世界怎麼變化你都會以錢爲中心生活的。但如果負債過多就會迷失方向，要在自己的償還能力範圍內來制訂自己負債的額度。

聰明的帳簿幫你糾正錯誤的消費習慣

帳簿不是單純的筆記本。如果只是簡單地記錄每日支出的金額，那和練字有什麼區別？在帳簿上應該準確地記出自己花了多少錢，把錢花在哪裡。只有瞭解了自己的消費習慣才能阻止自己盲目地亂花錢。

1不要只是將精力集中在記錄支出上。首先應該記錄的是收入而不是支出。

2把非消費性的支出和消費性的支出分開來記。非消費性支出是指年金、儲蓄、保險等這些投資性的消費；消費性支出則指生活費、交通費等這些花完就沒了的消費。

3記帳的時候抹去「角」、「分」這種小的單位，四捨五入。即記帳的時候以幾十元，幾百元這樣的單位來記錄。也不要一一列出黃瓜6元、胡蘿蔔55元這樣的明細，而是寫成「蔬菜82元」這樣來記錄。

4與銀行的信用卡部門進行協商，讓他們降低你的還款利息和年費。這種方法雖然不能時時奏效，但如果對他們說想要取消掉該信用卡，他們就會免除你的年費或者將年費減半。當免一年年費的期限到了，你就再打電話跟他們協商，否則吃虧的是自己。

5開始記帳的前三個月不要多想，只管記錄就好了。「既然記帳了，那就減少一下支出吧」，這樣的想法反而會帶來副作用。不要去受帳簿帶來的壓力。

6三個月之後，讓你的支出明細固定下來。記帳記了一段時間之後，就要開始統計支出的明細，並且制訂支出的範圍和金額了。自己應該努力使每個月的支出固定下來。

7制訂每月的支出計畫，制訂每個月的預算。其實記帳是為了制訂每個月的預算。不要只是單純地記錄每筆支出，而是應該制訂一個月、一年的支出計畫，並制訂出相應的預算。這之後要做的就是盡情地按照預算進行消費。

一定要堅持理財的基本原則

節儉等於一筆可觀的收入。

——伊拉斯謨（十五世紀荷蘭著名思想家、神學家）

寫書講授理財知識與技巧的作者究竟是怎麼看待理財的？他們眼中最重要的理財原則是什麼？吳俊潤著的《以20年養50年的人生規劃》一書不僅道出了獨特的理財原則，同時還闡明了一個觀點：若要有個幸福安逸的晚年，就需要制訂出一套切實有效的資產管理方法。

理財的基本原則就是根據自己的目標進行投資。我們活在這個世上必然需要用錢，提前思考自己什麼時候會用到錢，需要用多少錢，這就是理財。

如果是單身，什麼時候結婚？什麼時候買房子？結了婚之後什麼時候要生孩子？等等，按照這些人生計畫購買合適的金融商品的行爲就是理財。如果事到臨頭才行動那就太遲了。根據自己的目標選擇合適的金融產品，這便是理財的基本原則。

拿我自己舉例，我想做個短期理財，於是開了個CMA帳戶進行投資。CMA帳戶是證券公司發售的商品，跟銀行的活期存款帳戶一樣可以隨時存錢取錢，而且利息一般比銀行高4％～5％。因爲不知道自己什麼時候需要用錢，這就算是給自己準備的流動應急資金。若一年以後打算結婚或是有其他什麼大的計畫，那就千萬不要投資股票這樣變動很大的金融產品，相對來說選擇相互儲蓄銀行㉓的定存會比較好。1年期的定存種類中有利息5.5％～6％的（比普通銀行的利息高0.5％～1％）。

我爲了給孩子存學費，購買了股票型基金。類似存學費這種長期的投資計畫，可以選擇購買股票型基金。雖然會有虧本的風險，但預期收益會比銀行的定存或CMA高10％（銀行定存或CMA的預期收益爲3.5％～5％）。此種投資一定要做好3年以上的投資打算，如果少於3年就會有虧本的可能。

我爲了自己將來養老，購買了股票型基金、變額萬能保險和變額年金進行分散式投資。

變額萬能保險是做10年以上長期投資時的首選，手續費比其他的基金便宜很多（10年以內的話，則是基金更便宜），預期收益爲10％，投資10年以上的話還會有免稅的優惠。當然你也可以提前將錢取出，但這樣的話收益還不如買基金。變額年金比變額萬能保險的投資預期收益相對保守一些，但卻能在自己「死之前」一直都能收到返還的養老費，因此也是相對最穩定和最保險的。

消費是現代人最重要的行爲之一。不是有句話這麼說嗎？「我消費所以我存在。」但最重要的是，在消費的時候一定要同時考慮到自己的現在和未來。如果把自己現有的錢都花光的話，那未來就沒有了保障。但爲了將來有錢花，現在捨不得吃捨不得穿，同樣也不會幸福。

所謂「省錢」就是在自己制訂的額度之內花錢，爲了自己的幸福花錢。沒結婚的人要把薪資的50％存起來，結了婚的要存30％，雙薪夫婦也要存50％才行。

如果是單身的話，那就一定要把薪資的50％都存起來，剩下的50％自己隨便花。也就是說要在自己可以花的額度內制訂好預算。其次就是花錢的時候再多想想這錢是不是眞的有必

㉓ 相互儲蓄銀行，mutual saving bank。相互儲蓄銀行是韓國政府為了方便中小企業和一般民衆的金融行為並以增大存儲量為目的而建立的，是以公司的形式成立的民衆金融機關。

要花，只要不跟風衝動消費也能省下很多錢。

所有的消費都與時間有關係。衝動的、不理性的消費不僅不會給自己帶來什麼好處，還讓錢不明不白地花出去了。相反，考慮周全的又能帶來好處的消費其實花不了多少錢。把爬山、跑步這些興趣愛好和喝酒找小姐好好比較比較就能找到答案了。當然，爲了提高自身價值花些錢是值得的，因爲提高的自身價值在今後會賺更多的錢回來。自己對自己投資是早晚都會把投出去的錢賺回來的。要養成這樣的生活消費習慣。

給自己的理財行為配以富人的觀點

CASE 1 如果你認為理財只是富人們做的事情

富人觀點 ⇒ 只要有一百元就可以投資

你總是把想買的都買了之後才想到要理財？這沒有任何意義。投資用的錢不是自然就有的，而是製造出來的。如果你一個月賺5萬元，但一分錢都不存，那就算是賺8萬元或10萬元也都一樣。你試著連續一個月不叫外賣咖啡，按照一百二十元一杯來計算，一個月就能省下三千六百元。用這些錢可以買3支1千元的債券型基金呢。

CASE 2 如果你想理財但不知道具體的方法

富人觀點 ⇒ 從債券型基金開始買起吧

如果你是個理財新手，那就從債券型基金開始買起吧。每個月定投2,700元就好了。查一下每個月的收益，把賺到的錢再繼續投入，做滾雪球似的投資。不管做什麼，開頭都很重要。其實網上、書上到處都有介紹理財方法的，關鍵在於行動。從現在就開始行動吧！

CASE 3 如果你擔心虧本

富人觀點 ⇒ 用長期投資來提高穩定性

富人們在投資的時候把焦點對準的是「收益性」而不是穩定性。可和他們不同，我們沒有那麼多錢，只能做些小規模的投資，因此很擔心虧本問題。其實並不是所有的投資都伴有風險。讓我們對各種投資再多嘗試一下吧。如果失敗了，就當是繳了學費，可以再試一下別的投資方法。不投資就不會有收益。如果還是擔心，還有一個辦法，就是學習富人的投資方法。富人們都是本著長期投資的原則進行理財的，所以你也不要只著眼於眼前的利益，而應該放長眼光進行長期性的投資。

CASE 4 如果你很忙又嫌麻煩

富人觀點 => 乾脆直接委託給專業人士

沒有必要非得跑去銀行，現在透過網銀就能購買基金。如果連這點時間都沒有，那就委託給專業人士去做，你只管忙你的工作好了。去個人理財諮詢公司問問也行。如果給自己制訂了長期的計畫，那對未來的迷茫也就少了。

從小氣鬼那裡得到的真傳——存二百七十萬元的計畫

種植荊棘的人不應期待它長出玫瑰。

——Pilpay（或作Bidpai，中世紀印度寓言作家）

一個男人不捨得花120元買杯咖啡就會被認為很小氣？那如果他存了幾百萬呢？這樣對他的評價就會不同了吧？男人們之所以可以成功理財，是因為他們只要下定存錢的決心就會堅持到底，不管有什麼事情都不會亂花一分錢。而我們女人呢，一邊喊著要存錢，一邊卻在大手大腳地往外扔錢。認真聽一下男人對我們的「抗議」吧，這樣我們也就能擁有自己的兩百七十萬了。

「一個人生活至少需要二百七十萬元！」單身生活的所有一切都基於此。天啊，不是最多兩百七十萬元，而是最少？但仔細算一下的話，買房子的錢、買車的錢、結婚要用的錢、旅遊的錢，還有給自己充電需要花的錢、每月的零用錢……這麼算下來，兩百七十萬元還不夠呢。我也能存夠兩百七十萬嗎？

我對這個天文數字「兩百七十萬」產生了貪念，於是我逢人便問「我靠我那點薪資怎麼才能存夠兩百七十萬呢？」在被我問到的這些人中，小A是從事金融行業的。他一邊工作一邊存錢，現在已經存了快兩百七十萬了。他聽了我的話，反問道：「你平時是怎麼消費的？」

雖然我不喜歡計程車司機，但計程車就跟我的私家車似的；雖然不怎麼會喝酒，卻很享受夜店生活；雖然對奢侈品牌沒什麼興趣，但自己買的亂七八糟的東西，隨便拿出來五六個加起來的價錢就差不多夠買個奢侈品牌的了。每次約會都至少花800元，男朋友比我花得還多。現在我購買的金融商品爲零。啊，對了，我也存了一點錢，有個小房子。就這樣我把自己的消費習慣和盤托出，小A聽了後又反問道：「你是有錢人家的女兒？」聽他這麼一說，我慌了。他接著問：「你爲什麼要存兩百七十萬？這錢要用來幹嘛？」瞬間，我更加迷茫了。

要存兩百七十萬幹什麼呢？首先，我要準備結婚的錢。嗯，還有，我想去環遊世界，想去留學，還想換個大房子……我吞吞吐吐地回答了他的問題，最後他得出了結論：「原來你沒有任何想法啊！原來你只是爲了活著而活著，根本沒有人生的目標啊！」

聽了小A的話我好像突然覺醒了似的，決心不能再這樣下去了，於是去了資產管理公司進行諮詢，尋求幫助。資產管理師給了我一張表，讓我具體填寫自己資產的現狀、理財的目標以及目標理財金額。要是目標清晰、對自己資產瞭若指掌的人很快就能把這張表填完。而我拿著這張沒幾行的表，整整煩惱了兩天。

資產管理師看了我填寫的表後深深地嘆了口氣。她說：「你既沒有進行任何的理財，花錢又大手大腳，居然還想在1年到3年之內存兩百七十萬？那你平時的花費中有什麼是不能省去的呢？」我回答說：「我的工作要經常和別人打交道，一定要注意自己的形象，所以購物是很難省去的；咖啡也是每天必須要喝的；還有經常要加班，所以也免不了要坐計程車……存錢固然重要，但我不想失去這些最基本的生活。」這麼看來我還眞是沒有什麼可以省下來的錢。「所以很多單身女性是存不住錢的。把能花的全都花了，拿什麼來存兩百七十萬啊？看來你要學學男人們特有的存錢方式了。」她最後說道。

於是我們立即召開會議商量對策。我和資產管理師還有小A一起見了個面。我決定要聽聽小A是怎麼說的。小A作爲一名男性代表，作爲一名擁有多名男性顧客管理經驗的資產管理師，對女性的錯誤消費習慣進行了客觀的評價。

1 只有要存錢的想法，沒有要省錢的想法。

2用「飯錢」來換算吧。如果花了比飯錢還多的錢，那就先認爲挺可惜的吧。

3很奇怪，女人們不會心疼把錢花在坐計程車上，而會心疼把錢花在吃飯上。還不如省下一次坐計程車錢好好吃一頓飯呢，這樣還有利於身體健康。

4女人喜歡購物和男人喜歡泡夜店喝酒一樣。如果男人不能節制自己喝酒的話就存不住錢，同樣，女人如果不能節制自己購物的話也存不住錢。

5會理財的男人如果有了閒錢或發了獎金，他們會當沒有這筆錢一樣，並且乾脆採取些措施讓自己花不了這筆錢，比如把這些錢全部拿去買基金，沒一年取不出來。而女人則總是想著「還有沒有什麼要買的」，隨便去花這些錢，結果就把能花的全都花了。

6理財目標明確的話也就意味著自己的職業目標和人生目標很明確。要記住最好的理財是不斷提升自身的價値。從儲蓄的規模和速度上來看，年薪55萬的人與年薪80萬的人有著很大的差異。

7年輕時候的3年辛苦可以換來退休後安逸優質的生活。年輕時爲所欲爲、恣意揮霍，老來落得一文不名、貧困潦倒的下場不正是「年少輕狂，老來悲傷」所闡明的眞理嗎？

覺得「女人就應該享受幸福」，於是爲了一時的安逸而盡享購物的快樂。我和大部分女性一樣，缺乏「小錢也要省著花」的現實性，因此理財很不成功。

有些單身女性理直氣壯地說：「我很節省的，我不用名牌包包、名牌化妝品什麼的。」

可她們所謂的「日常的小樂趣」意味著每天早晚一定要各喝一杯什麼牌子的咖啡，飯後一定要吃什麼牌子的冰淇淋才行。兩杯外帶咖啡270元，每頓飯之後都要吃個冰淇淋的話，一天加起來也差不多要270元。這麼算下來，不包括餐費和交通費，每天光咖啡和冰淇淋就要花費540元，一個月下來就是16,200元。

每個月買咖啡、零食的錢加起來就有16,200元，還口口聲聲地說「我不買名牌包包，我是個節儉的人」，這也太不像話了吧？

如果每個月省下買咖啡和搭車的16,200元，那一年下來就能省194,400元。如果再從購物的錢裡省出5,500元，約會的錢裡省出2,700元，零用錢裡省出2,700元的話，那一年存27萬元不在話下。買那些零零碎碎的東西，不如一次花大錢買個好的，還能用得久一些。不應該是把花剩下的錢存起來，而是應該把該存的錢存完了之後，好好計畫如何用剩下的錢過日子。

「只有節儉才能過上好日子」，這是不變的眞理，只是實行起來比較難而已。關鍵是要有契機讓自己具備存錢、省錢的意識，沒有契機的話，就制訂個目標出來。

「小氣鬼」級別的男人和我們女人的不同點是什麼呢？重要的是，他們的目標明確，比女人先下定了存錢的決心。也就是他們懂得將來的幸福比現在一時的享受更重要。那是不是他們的處境要比我們女人的好呢？那可不見得。他們其中很多都不如我們條件好，也可能沒有我們的年薪高。可他們卻堅持存錢，恨不得把錢掰成幾瓣花，有的已經成功擁有幾百萬甚至千萬的資產了。所以說無論如何我們也不能懈怠存錢的決心。

為單身者準備的購房攻略

在投資股票之前，先給自己買一間居住的房子吧。

——彼得・林區（美國著名投資專家）

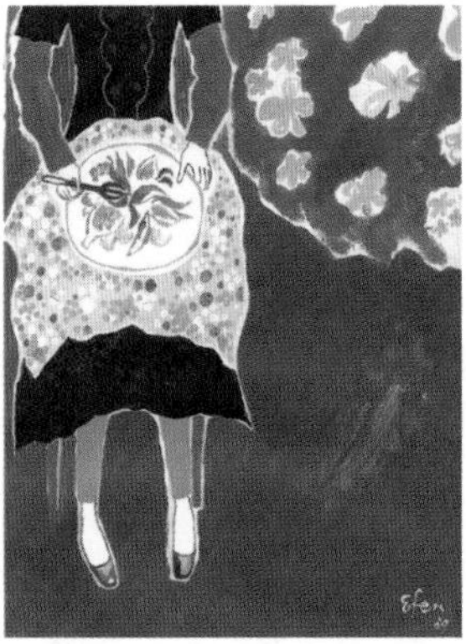

在35歲之前就買了房子的單身者們有著統一的投資原則。那就是哪怕早一年，至少要在20歲之前著手準備才能比別人先擁有房子。那到底要怎麼做，要存多少錢才能買得起一間房子呢？擁有自己的房子是所有單身者的夢想，讓我們一起學習一下購買自己房子的戰略吧。

我認識一對房產財團（這是朋友之間的稱謂）姐妹。她們兩個對錢都很敏感，她們的興趣就是到處看房子。如果星期日沒有事的話，不是去首爾市內的各個社區逛，就是到各個房仲介店家看看。有一天她們發現在東部二村洞㉔有兩間公寓，姐妹倆就一人買了一間。

當然，她們的錢不夠。姐姐把她以前買的兩間小公寓（這就是朋友爲什麼稱她們爲房產財團的原因所在）賣了，又向銀行貸了款，而妹妹則是完全向銀行貸的款。她們可以把這房子以傳貰租房㉕的方式租出去，但仔細算了算，還是向銀行貸款，把房子按月出租，用每個月收取的房租還貸款比較划算。

㉔二村洞，位於韓國首爾市龍山區，可以算是一個小東京。韓國人所說的「東部二村洞」就是指二村一洞，這裡是在韓國生活的日本人喜歡聚集、居住的地方。以前的二村洞其實是一片田野，20世紀60年代後半期，形成了大規模的住宅區、公務員公寓、外國人公寓等。一九六五年「韓日建交」以後，隨著「漢江外國人公寓」的建成，很多日本人開始居住在這裡。現在日本駐韓國使館的工作人員和相關人員以及日本航空公司的職員、日本汽車公司的職員等，大約一千多名日本人生活在這裡。

㉕傳貰租房，是韓國一種特別的租賃方式。由房客在入住時繳給房東一大筆押金，傳貰合約期間不需要繳任何房租。合約期滿後，房東將全額返還這筆押金，房客相當於免費租房。韓語中的「傳貰」是個漢字詞，「貰」是「出租、出借」的意思。「傳貰」是道道地地的經濟學名詞，是韓國特有的一種物權／債權制度。韓國法律規定，傳貰押金的額度一般是所租房子時價的60～70％。二〇〇八年初，韓國首都首爾的平均傳貰價格上漲到一億7千萬韓幣左右（約合台幣一百六十萬元）。所以，房東一般將房客的大筆押金存在銀行裡，每月同樣可以獲得很高的利息收入，還省下了每月挨戶收取房租的麻煩。房東還可以用收到的傳貰押金再投資新房繼續進行傳貰租房，也可以轉手，賺取升值利潤。

姐妹倆一年下來各自可以收到約一百二十萬元的房租，用這些錢還銀行的房屋貸款和利息。到現在已經過了3年，妹妹已經基本還清了貸款，今後再收到的房租就可以直接進自己的存摺了。另外就是兩個人已經成了50坪公寓的屋主了。

這兩姐妹教給我們的是「投了多少就要賺回多少」的基本投資原則。「有個零存整付存摺，但不知道該用這個做些什麼。」「到底要有多少錢才能在首爾市內買間房子呢？」只要你有這樣的好奇心，只要你有買房子的想法，那就抽出幾天時間來集中學習一下房地產方面的知識吧。利用週末，或利用年假，花兩三天的時間具體查閱一下相關的事例、新聞報導，再翻翻房地產的相關書籍，對其進行集中性的學習研究。進入房地產網站還可以瞭解過去這些年來房地產的動態行情。另外政府的政策對房地產界的影響也是很大的。我們要眼觀六路、耳聽八方，隨時從報紙或網站上獲取房地產的相關資訊。但在公司我們還有工作要做，不可能每天都泡在房地產網站上。所以不如集中幾天，突擊一下相關方面的知識。房子固然很重要，但工作同樣也很重要。

那到底需要有多少錢才能買一間房子呢？如果有固定工作，每個月有固定薪資的話，有個兩萬七千元就可以買了。

小L，30歲，單身。除了繳房屋訂金的兩萬七千元是自己拿的，其餘的房錢全是向銀行貸的。她計畫3年後分6年期還清貸款，首期貸款就用傳貰押金來還，然後再用短期儲蓄和保險公司提供的貸款來償還每季度的貸款。其實小L有了大錢的時候，反倒會勒緊褲帶，把這些錢全部存起來，讓自己乾脆花不了。正是這種小氣鬼的行爲使她成功購買了房子。

其實以傳貰的方式租房住的人，只要有房產總價的40%就能購置屬於自己的房子了。那這錢從哪裡來呢？向銀行貸款也行，用自己存的錢也行。要在首爾購房的話需要存夠兩百萬元以上才能買，要在外地購房的話需要存八十萬以上。

如果買房是自己的目標的話，那在買房子之前就不要自己一個人住。如果在買房子之前就自己住的話，那就連一卷衛生紙都是需要自己花錢買的。不管怎麼省，一個月的生活費都得花個至少兩萬元。自己再有輛車的話，一個月怎麼樣也得花上兩萬七千元。因此如果想要買房的話，就別夢想著要自己住。如果處於必須自己住的情況，那就不要按月租房，而是以傳貰的方式租房。兩年搬一次家，搬到比原來的傳貰更貴的房子住，這也是一種存錢的方法。

認爲一定要完全靠自己存的錢才能買房子？那就做好40歲之前都不可能買得了的心理準備吧。看看那些歲數不大就買了房的人哪個不是跟別人借錢或者貸款的。

每個月存兩萬七千元的話，要買一間價值五百五十萬的房子，需要存17年才行。如果貸款買下，再把房子以傳貰的方式租出去，用傳貰押金投資賺來的錢還貸款的話，只需要一半的時間就能還清貸款，同時房子也是自己的了。再說，等花了17年存夠了五百五十萬的時候，房子也從五百五十萬漲到千萬以上了。買房子的時候一定要算好首付能付多少，貸款能貸多少。現在一般最多可以貸房款總價的70％。

在選房子的時候一定要先想好自己買房子的目的是什麼。是爲了理財還是爲了自住？如果是爲了理財，那就看看首都周邊衛星城市或外地中小城市裡地段好的房子。投資房地產的新手往往都不能從自己居住地區跳出去。作爲一個新手想在房地產市場上有所收穫，務必要從自己附近的地區跳出來，想辦法到其他地方投資。看得越遠，投資的成功率也就越高。如果是要自住，那就選幾處自己中意的地區，再從中挑選最適合自己的房子，這樣才最有效率。

如果有中意的地區，那就拿出一張地圖，在上面標出要買的房子和你現在住的地方之間的距離、交通情況、附近的設施等。眼睛看到的資訊比耳朵聽到的資訊更加客觀。決定了要買的房子後，就經常觀察該地區的地價變化，這樣就能避免花冤枉錢，說不定還能獲得有人急著賣房的消息，這樣就能壓低價格了。同時也要多去那個地區的房仲店家看看。一定要穿得體面，讓房屋仲介的工作人員感覺你很有錢，這樣才會把好的房源、好的資訊介紹給你。對你有了好的印象之後，工作人員在有房源或辦理貸款的時候也會給你更多的幫助。總之，穿著體面還是有一定用處的。

但並不是每天嚷嚷著要買房，向已經買房的人諮詢獲取資訊，每天泡在房地產網站上，一有工夫就去房仲店家，就能很容易地買到房子了。

買房最需要的是果斷的判斷能力。首先閉上眼睛想想，自己有多少資金。如果有間房子令你70%滿意，那就行動吧。投資房地產的新手們往往容易犯的錯誤就是不相信別人。這個房仲員不會在騙我吧？這房子現在買合適嗎？不會買了之後就降價吧？等等，一旦起了這些疑心，那就什麼也買不了了。房地產是沒有末班車的。如果現在有中意的房子就果斷地買下來，不要回頭看。本來房子這個東西就是買的時候覺得貴，賣的時候覺得便宜。因此如果70%滿意的話，就立刻下手吧！我們的人生中沒有無結果的行動，也沒有無回報的投資。

單身
是我的力量
5

洪思滉（投資技巧戰略家）

專家建議之2萬5千元閒錢的成功投資法

「從現在起，你必須先建立用2萬5千元投資某樣東西的目標，如此一來，每個月就會找到隱藏的錢。然而，出人意表的是，當你要建立目標時，將會遇到過去從沒想過的事，一瞬間全都要考慮的狀況。我要單身到什麼時候？結婚或是開始同居的話，準確的時間點是什麼時候？另外，以後想住在那個社區、哪種房子等等。遊學、海外旅行、購車、準備老年基金等，也是要考慮的對象。其中，排出對自己生活最有價值的優先順序當作目標，列出額度並訂出適當的期間。即使未來不可預測，建立計劃仍是件重要的事。而這就是生財技巧。」

●投資前請先確認！

1有錢沒目標，生財技巧肯定失敗

來，這裡有個辦法能讓你存閒錢2萬5千元！不過，這是爲了什麼的閒錢？買房基金？健康投資？啊，你現在才要開始慢慢想這個？反過來想，當下沒有目標就是至今存不到2萬5千元的原因。因爲沒有「我要做什麼」的意志，就感受不到非得節省不可的必要性。從現在起，你必須先建立用2萬5千元投資某樣東西的目標，如此一來，每個月就會找到隱藏的錢。然而，出人意表的是，當你要建立目標時，將會遇到過去從沒想過的事，一瞬間全都要考慮的狀況。我要單身到什麼時候？結婚或是開始同居的話，準確的時間點是什麼時候？另外，以後想住在那個社區、哪種房子等等。遊學、海外旅行、購車、準備老年基金等，也是要考慮的對象。其中，排出對自己生活最有價值的優先順序當作目標，列出額度並訂出適當的期間。即使未來不可預測，建立計劃仍是件重要的事。而這就是生財技巧。

2想要獲得2萬5千元，先養成紀錄習慣

雖然麻煩，不過用手寫下每一項支出才會記憶深刻。可是，光看信用卡明細猜不出是什麼的支出不勝枚舉，所以就會發生記不得把錢花在什麼地方，笑不出來的情況。爲了尋找隱藏的2萬5千元，你需要的是持續

一個月，像寫日記一樣，每天親手寫下支出的項目。另外，建議使用Check Card㉖，而非信用卡。若無法如此，可先把信用卡記帳日改成每月1日到31日。多數銀行都會自動設定爲17日到下個月的16日，這樣的話，會讓人感受不到一個月期間都把錢花在哪裡。這也是信用卡公司巧妙的手法。

●學習投資

1 如果想不到特別的目標，就先考慮年金險吧

對單身者來說，最需要的東西是什麼？大概是老年基金吧。假設40歲以後仍無法升遷至幹部的職務，大部分的收入都會變得比20、30歲時少。如果繼續這樣沒結婚的話，也就沒有丈夫或子女之類的靠山。即使收入會逐漸變少，漫長的老年生活還是得自己負起責任。所以，如果現在想不到特別的目標，選擇最長期的目標——準備退休生活——也是個好辦法。爲了15～20年後就算沒有工作也能過日子，目標必須設爲每個月要有3萬8千元左右的收入，或是準備一筆可以活用、約2千6百萬元的巨款。因爲準備過程約需要10～20年，所以可長期維持，具有保障不受通膨影響的收益率，又穩定的商品最爲恰當，而最具代表性的就是變額年金險。假設維持10年以上，沒有稅金，還能選擇多種基金，中途也可提領，複利的收益率也很好。如果選擇混合型，可一舉兩得，同時享有穩定性和收益。

check1 一定要買沒有所得扣除額優惠的變額年金險嗎？

年金險儲蓄和年金險保險最多有10萬元額度的所得扣除額優惠，乍看之下更具有吸引力是事實。然而，年金險儲蓄和年金險保險從領取年金險的時候開始，必須支付所得稅，年金險所得稅一年比一年高的趨勢是個問題。雖然當下可以節稅，但是原本期待的年金險領取金額卻會逐年減少。相反地，儘管變額年金險當下沒有節稅效果，不過它的優點是開始領年金險後，完全不用付所得稅，時間過越久（假設活到一百歲更驚人！），利益就越可觀。

check2 繳納期間越短越好

多數年金險的繳納期間都設定爲10年。不過，假設有意要把2萬5千元全拿去繳年金險，繳納期間設定爲5年更有效率。繳納期間短，之後放置期間長的話，就能把利益最大化，但意外的是，很少保險員會告知這項事實。因爲繳納期間越長，保險員的獎金就會越多。然而，如果繳納期間長，保險公司的營運費用就會變高，這對顧客來說也是個損失。

check3 活用追加繳納功能

追加繳納是除了每年繳納的總保險費以

㉖ Check Card：等於 Debit Card，消費多少就直接從帳戶扣款的金融卡。

外，可以多繳的功能。如果年金保險已經繳清，2萬5千元的閒錢不妨拿去追加繳納。因爲這筆繳納金不會被扣管理費，繳納的錢可以完整地轉爲投資，收益率相當高，由於對保險公司沒好處，所以未如實告知的情況很多。

2 投資能達成中期目標的經驗吧

單身者的生財技巧，其實最重要的就是中期目標。透過這個需要5年～10年的目標，可以達成自己大大小小的夢想。因爲單身者的變數比已婚者少，也比較容易達成中期目標。例如：假設你決定將來要請假兩個月，去環遊世界。如果預計準備50萬元，每個月存5千2百元，大概需要儲蓄8年。不過，要是加入月繳2千5百元、5年期的變額保險，並每月申請追繳10萬元的話，8年後就會累積一筆超過50萬元的金額，然後留下一點本錢，其他全部領出。保險有中途領出的功能，其魅力在於不用非解約不可。如此一來，你就能用這筆錢瀟灑地出發。能夠累積這種經驗才叫做生活，這不只是單純地累積金錢，而是從每月的消費中，貫徹自己的原則與哲學。

check 若想儲蓄5年以上，就把目光轉向國家公債和地方公債等債券吧

銀行幾乎沒有5年以上的商品，即使到櫃台想加入長期儲蓄，他們會把保險商品包裝爲儲蓄來推銷，沒有完全符合需求的東西。債券較爲安全，長期投資的話，可期待

它的高收益率。所以不妨考慮暫券型基金。

3 短期目標就直接存錢吧

準備傳貰㉗資金或買新車等3年期間內會發生的事情，是短期目標。使用儲蓄、短期債券、MMF、CMA等已經相當熟稔的商品即可。短期商品的利率並不重要。雖然有錢人會到處尋找多給0.1%的地方，不過如果是3年後要用的錢，一年1～2%的差異其實並不大。眞正重要的是快點開始，意志不要動搖。

●好好考慮

1 基金就乾脆投資10年吧

基金其實不是值得信賴的投資手段。由於會被扣除3%左右的高額手續費，收益率比想像中還要難提升；比起穩定地擱著，它的運用構造很難擺脫像股票那樣換來換去的誘惑。即使如此，攻擊性的投資傾向強烈，或無法放棄高收益率，每月都要投資2萬5千元的話呢？建議不要選3年或5年，而是考慮能運用10年的基金！韓國價值資產運用公司㉘的10年期基金最具代表性。或者

㉗ 傳貰：韓國的特殊租屋制度。支付一定的金額給房東，即可在一定的時間內擁有該房屋的使用權。相約到期，交還房屋的時候，房東再把那筆錢全額還給租屋者。

㉘ 韓國價值資產運用公司：現已更名為「韓國投資價值資產運用公司」，是韓國東遠集團旗下的證券公司。

把錢投資在收益相對少，卻穩定的指數型基金。

2投資不動產，其實對單身者更有利

單身眞正的魅力，始於擁有屬於自己的房子。但是自己一個人賺錢，什麼時候才能買房？精打細算以後，單身的時候持有不動產是最有利的。已婚者基於子女學區問題等，無法到處遷移；爲了家人，拿巨款投資不動產時的變數很多；加上所需坪數較大，這種房子動輒要1千5百萬～2千6百萬的高價，可能需要很長的一段時間才能擁有。然而，單身者相對較容易遵守土地增值稅的規定，可以搬到自己想要的地方，不動產資金累積得更快。因此，如果購買最近超受歡迎的單人小型住宅或套房，不僅能投資，也能兼具居住的目的，可說是一石二鳥。每月投資2萬5千元，以10年爲目標也不錯；或是乾脆存更多錢，將買屋的時間提前到4～5年也很好。有了房子以後，心理上會感受到一股安全感，加速生財技巧的運用。

●常被誤解的生財技巧的謊言

1一定要添購健康保險嗎？

由於透過國民健康保險即可毫無負擔的解決一般的疾病醫療費，所以不需要非得爲健康追加保險。雖然最近實損實賠保險蔚成風潮，但實際上眞正因爲生病去醫院的情況並不多，所以獲得實惠的範圍較小。不過，健康是再怎麼強調也不爲過的重要資產，因此2萬5千元中拿10%去投資也不壞。倘若家族有癌症病歷，或一定要買癌症險的話，就買一個吧。或是在已有的終身保險、長期保險中，加入傷害、疾病相關的保障附約也是不錯的方法。

2 只要善加管理保險商品即可嗎？

有些人會把2萬5千元全拿去買保險商品。因爲捨不得解約，認爲堅持到最後，反而比較有利。然而，其實這種情況只是沒有目標的反證。不能把所有目標都設爲長期，否則千辛萬苦找到的2萬5千元馬上消失的機率很大。因爲減少消費要有個名目才行，沒有目標的話，消費模式回到原本狀態的危險性會提高。

Special tip

●2萬5千元，投資不退休的體驗

如果你打算工作到死亡的那一瞬間，其實就沒什麼好擔心的。這句話的意思不是說爲了欲望，必須工作到蓋棺爲止。所謂的退休，是強加於人的東西。如果老了還能做點簡單的工作，這才是不用擔心的幸福生活。將「永不退休，勤奮不懈地提升所得，開心工作」當作目標，把錢投資在體驗各種適合自己的職業吧。這樣比起辛辛苦苦的存到2萬5千元，某天卻突然開起毫無經驗的咖啡店還要安全，也更加有趣。

投資技巧戰略家　洪思滉（音譯，Hong Sa-hwang）
20多年來，在LG集團及外商金融公司負責企劃、營運部門的業務。目前在以保險金融服務為主的分享愛行銷（株）擔任代表理事的職務。曾發行《生財技巧的謊言》，銳利地道出生財技巧的虛與實。

6 STYLE

單身者，為自己的靈魂找個棲息之處吧！

用自己喜歡的一切充實整個世界吧！這是克服孤獨和寂寞的秘訣。偶爾騰出時間讓自己疲憊的靈魂得以徹底的休息。在那個靈魂的棲息之處，我們可以從中獲得心靈的慰藉。

懂得自娛自樂的女人很不簡單

寂寞是用來表現一個人的痛苦，
孤獨則是用來表現一個人的快樂。

——**約翰・拉斯金（十九世紀英國作家、藝評家）**

懂得自娛自樂的女人很不簡單。不知為什麼，大家普遍認為坐在VIP席上獨自欣賞音樂劇的女人很特別。不如我們也嘗試一下這種特別的風格路線？獨自開心獨自享受，既是給別人看，更重要的是能給自己力量，感覺自己好像成了一個有勇氣的女人。因此，不時地自娛自樂一下，享受一下自己很「特別」的那種感覺。

從幼稚園開始，我們每天的生活就被禁錮在時間表裡。滴答滴答，現在是刷牙的時間，吃飯的時間，滴答滴答，學習的時間，休息的時間……步入社會，一睜眼就急急忙忙地奔向公司，在辦公室裡要看老闆的臉色，和工作出色的同事互相較勁，在能幹的後輩面前抬不起頭，一旦掉隊就完蛋了。就這樣，時間一天天地過去了，我們每天都重複著同樣的動作。在分針和秒針組成的路口迷失了自己的時間。所以，當假日來臨時也不知道自己該做些什麼，漸漸變得不安。一直只顧著看別人的眼色行事，卻失去了自己本應該不被他人干涉的自由。

真憐啊！好像被騙了。

乾脆把一切暫時都放下，從禁錮中衝出來吧！但萬事開頭難。有一天，我終於承受不住一個又一個的壓力，最終爆發了。決定暫時放下所有的一切，自己一個人跑去看了場電影，這還是我第一次獨自看電影。那天我穿著拖鞋去了住家附近的電影院，剛開始還很不好意思。低著頭走向售票處，小聲地說「買一張票」。看午夜場電影的人加上我總共只有5個。一個西裝革履的男人，一個看不出年齡的女子，兩名女高中生，還有我。但我們並沒有覺得彼此很奇怪。

從那之後我養成了獨自看電影的習慣。沒必要非要迎合別人的時間，只要自己想看隨時都可以去。看完電影，我會等到片尾的字幕和音樂都結束才站起來，沉浸在自己的情緒中，陶醉於獨自走出電影院時的那種感覺。

世上的一切不會因爲沒有你就改變了，地球也不會因爲你的缺席就不轉了。從過度的勞累中擺脫出來，讓自己一個人隨心所欲地過上一天。

穿上舒服的鞋子和自己喜歡的衣服，不用擔心會遲到，也不用非得完成某項任務，沒有任何壓力，輕裝上陣，度過輕鬆的一天。可以在平日裡去人跡稀少的遊樂場，也可以在週末逛逛幽靜的小巷子，或找個安靜的咖啡廳坐坐。這一天不用和任何人交涉或妥協，自己擁有絕對的自由，流逝的每一分每一秒也都只屬於自己。不用像平時那樣挖空心思找些同事或者客戶感興趣的話題來聊，也不用機械性地不停地講話。

在度過了只屬於自己的時間之後，可以自信勇敢地回到競爭激烈的職場中繼續奮戰。透過這樣的自我放鬆，自己又重新找回了自信和那份屬於自己的輕鬆愜意。

偶爾讓自己疲憊的靈魂充分休息一下吧，哪怕一個月只有一天也好。精神放鬆的時候，你會發現許多平時不曾注意的小細節，會發現它們是那麼令人感動，就好像聽到了自己喜歡的歌曲時那種感覺。任何人都有權利享受這種悠閒生活和這種小小的幸福。

新手看過來，自娛自樂指南

1 去相對人少的地方。去首爾江南區的狎鷗亭和清潭洞㉙的人都打扮得很華麗，玩得很盡興。可如果去了這些地方，別人一眼就能看出你是隻身而來的了。去那些充滿了古風古韻的文化街道走走比去繁華街道更能讓自己放鬆，在那裡可以發現自己平時不曾注意過的細節。

2找一項自己獨享樂趣的興趣活動。仔細想想，像騎單車、溜直排輪、插花、繪畫等這些能夠獨自享受樂趣的興趣活動有很多。挑戰新的事物可以給單調的生活帶來新的生機，還可以使心情安定下來，可謂一舉兩得。

3找一家自己經常光顧的咖啡廳。在首爾上水地鐵站和三清洞地鐵站附近的小巷裡有一些很小的咖啡廳。這些咖啡廳裡大多都擺放著圖書供客人翻閱，也有專爲獨自光顧的客人而準備的小單桌。一個人去這樣的咖啡廳再合適不過了。

4自己的雙腿就是交通工具。走在去看展覽會或藝術電影的路上，也許會有意外的新發現，同時又能讓身體得以鍛鍊，何樂而不爲呢？

㉙ 狎鷗亭和清潭洞均位於韓國首爾江南區。近年發展成首爾的著名購物區，狎鷗亭和清潭洞的商家以販售高級消費品為主，這裡的商品都有很高的品質保證，並引領最新流行趨勢的走向。

自娛自樂的必備品

什麼也不做，一動也不動，就那麼自己一個人待在家裡消磨時間，這不叫自娛自樂，而叫自我折磨。我們需要準備一些東西，讓屬於自己的時間更加豐富多彩。

1 照相機：自己居住的社區裡還有不少平時注意不到的秘密場所吧？用自己獨特的視角拍下這些充滿神秘色彩的地方。只要有這些就不會覺得無聊了。

2 錢：能帶多少錢就帶多少。買自己想吃的東西，好好犒賞自己一番。

3 書和筆記本：去光線較好的咖啡廳，點上一杯香濃的咖啡，在這種環境下看書，會有完全不一樣的感覺。讀書的過程中產生的想法或得到的靈感都一一記錄在筆記本上保存起來。

4 MP3：輕緩的節奏和音樂可以令假日的時間變得更加溫暖。

選書要像選男朋友一樣挑剔

人生十分短暫，寧靜的時間又不多；
我們不應該浪費寶貴的時間去讀毫無價值的書。
——約翰·拉斯金（英國作家）

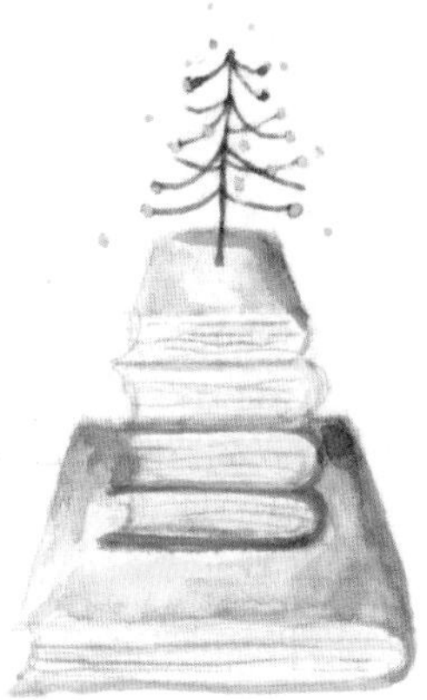

人們都很喜歡買暢銷書。更準確地說，是喜歡「暢銷書營造的環境」。大型書店裡都設有暢銷書專區，這些專區往往都設在書店最醒目的位置，而且面積還在不斷地擴大。因此自己在逛書店的時候也會不自覺地奔向暢銷書專區、新書專區，或熱評書籍專區。但如果我們沒有掌握選書的技巧，往往會錯過很多好書。

前不久，我和一個透過工作認識的人喝茶聊天。她知道我是寫文化報導的，於是這樣問我：

「那您應該讀了不少書吧？」

我如實做了回答：

「沒有，只是別人讀了多少，我就讀了多少。」

她怕我們的談話就此陷入僵局，於是又問：

「那您一定讀過《達文西密碼》吧？我也讀了，眞是太有意思了，拿起來就放不下了。事件一個個地接連展開，讓人從頭到尾都很緊張。整本書以耶穌文化和密碼爲主線，眞是一部意義深刻的作品。《牧羊少年奇幻之旅》您也一定讀過吧？保羅・科爾賀的作品也都不錯。」

她也不等我回答，不停地發表著自己的長篇大論。

「那個，我沒讀過《達文西密碼》。」

她沉默了5秒鐘，看我的眼神好像在懷疑我到底是不是記者，之後她尷尬地轉移了話題。雖然我沒讀過《達文西密碼》，也覺得有些不好意思，但她也沒必要把整個話題都轉開吧？世界上又不是只有《達文西密碼》這麼一本書！

幾年前，某電視台掀起的讀書運動把全韓國鬧得沸沸揚揚，之後暢銷書就更暢銷了。

人們逐漸習慣聚在一起談論暢銷書，爲了自己不被淘汰還特意買暢銷書來讀。即使有人決心每個月讀幾本書也都是買暢銷書。暢銷書已經不再是買書時的備選書籍了，而是成了「必讀書」。這些「精神流行」的暢銷書是否已經把你引入了讀書的誤區？是否把你帶到了一個異想天開的國度？

韓國國立中央圖書館在二〇〇六年十二月發佈的國民讀書實況調查結果顯示，韓國人平均每人一年讀11.9本書。其中72％的成年人表示「去年一年讀了一本以上的書」，每日平均讀書時間爲37分鐘，週末讀書時間爲34分鐘。問到如何決定買什麼書時，大部分人回答「雖然重視書的內容，但在買文學類書籍時會參考暢銷書的排行；在買教育生活方面的書時大多會買別人推薦或是評價高的書。」也就是說大部分的韓國人一個月只有讀一本書，其中大部分讀的還都是暢銷書。那自己用心挑選的書能有幾本呢？這不得不讓我們深思。

讀書是爲了使我們的靈魂變得豐富多彩，爲了使整個社會充滿活力。爲了讓讀書的價值發揮得更明顯，我們有必要學會選擇更適合自己的書。英國作家毛姆曾說「爲樂趣而讀書」。暢銷書、讀書運動、報紙上推薦的書籍，這些書能與自己的靈魂產生共鳴的機率是多少呢？況且一年讀的書連12本都不到。

《Mythonomics》的作者姜上九先生這樣形容自己選書的標準：「我選書的唯一標準就是選『我喜歡的書』。我在步入社會之後不經意間經歷了停職，期間讀過各種各樣的書，後來讀了李潤基的《彩虹與多稜鏡》。那本書是我的起點。說起來，自己就像是得到了一整張拼圖中最重要的幾小塊一樣。之後我花了5年的時間拼完了整張拼圖，希臘神話的圖畫就完整地呈現在我面前。」

他的這段話中隱藏著幾點選書的原則。首先，讀書要讀得快樂。要選擇能夠吸引自己，拿起來就放不下的書。並且買書之前要先翻上幾分鐘看看（如果在網上買書，那就多看看序言和目錄，這比看書評有用）。這樣就能瞭解到該書的大致內容和作者的主體思想了。之後再仔細閱覽目錄，這樣就能把握該書內容的主線了。另外，讀書的時候最好帶有一定的目的。自己平時感興趣的圖書是哪一類？比如，名人自傳、附有圖片的旅行紀實、文學類小說，或者科幻小說……以這種方式來縮小圖書選擇的範圍。

帶有一定的目的讀書，就會「遇到」自己喜歡的作者。這樣就可以繼續閱讀那位作者的其他作品。當讀書不再是一次性的行爲，而是根據一定的脈絡不斷地得以擴展時，讀書的享受就會變成一種巨大的快樂。

另外一個選書的方法就是根據所處情況進行選擇。某公司職員的手裡總是拿著本書，她說：「其實我在家讀的書，在洗手間讀的書，在地鐵裡讀的書都不一樣。雖然相當於短時間內同時讀幾本書，但沒覺得有什麼不好。」在家的時候讀一些意義深刻的書，去洗手間的時候讀一些好理解的書，坐地鐵的時候讀一些小說。這樣去書店選書的時候也能從多個類別中挑選，選擇書的關注點也能有所不同。

小說要根據線索從頭讀到尾，如果不是小說就沒必要全部讀完了。選擇自己需要的部分進行閱讀也是一種好方法。作為圖書收藏家而聞名的韓國作家李文烈先生，在電視的訪談節目裡總是這樣形容自己的讀書習慣：「不是所有的書都一定要從頭讀到尾。看看那些書的目錄、序言，掌握整本書的主要內容就可以了。這樣當自己有需要的時候就可以集中閱讀自己需要的部分，獲得的知識也就能隨之得以運用了。」他那些囊括了古今中外知識的作品正是在這樣的讀書習慣基礎上完成的。

其實無計畫的讀書方式也不錯，任憑自己跟著感覺走。在多樣的選擇範圍內發掘自己的傾向也是很有意思的。把自己買的書都拿出來放在一起，這樣就能發現自己選書的具體傾向了。如果這些書能讓自己感動的話，那今後繼續用這種方法選書，久而久之就會形成一個明確的選書傾向。每本書都會帶我們踏上一條不同的旅途，我們可以根據嚮導盡情暢遊。但那些一年讀不到12本書的人，至少還是買些暢銷書來看看吧。

就像每個人生活的方式各有各的不同一樣，讀書的方式也有很多種。但是找一本能滋潤我們靈魂的書沒有想像的那麼簡單。在走了很多彎路花了很多時間之後獲得的讀書技巧，是否能在我們死之前都充分發揮它的作用呢？現在還為時不晚，讓我們好好想想自己到底對什麼感興趣。或者直接去書店翻翻書架上擺放的那些書，等待有感覺的那一瞬間的到來如何？但千萬不要像在超市裡買東西一樣隨手拿起來就走。

當內心揚起微風時，選些自傳來讀吧

所有的好書讀起來就如同和過去世界上最傑出的人談話。

——笛卡兒（現代哲學之父）

歷史之所以重要，是因為它為我們總結出了過去的經驗，是指引我們現在和未來前行的路燈。那些比我活得久的人，或是跟我的活法不同的人，他們的歷史就成為了我人生的參考書。自傳書籍中有意味深長的教誨，有窺探別人生活的樂趣，也有隱隱約約的感動。藥要及時服用，治療要在必要的時候進行才有效果，人生的二三十歲這段期間也要根據所處年齡層的不同選擇不同的「自傳處方」加以治療。現在來看一下你需要讀的自傳有哪些吧。

20歲必讀的自傳

當疑惑自己應該為什麼而活的時候：《富蘭克林自傳》（班傑明・富蘭克林　著）

富蘭克林是美國歷史上第一位享有國際聲譽的科學家和發明家，被舉世公認爲現代文明之父、美國人的象徵。同時，他還是傑出的科學家、外交家、出版家、作家和社會實業家。另外他作爲一名優秀的政治家參與起草了《獨立宣言》。他在20多歲的時候就開始思考自己的人生目標了。他深刻地發問，人們最終追求的是什麼？爲了獲得它人們應該做些什麼？富蘭克林這樣說：「許願的時候要小心，說不定它會實現。」我們有必要再重新認眞地思考一下自己的生活目標了。我的夢想眞的對我有益嗎？我擁有的一切是否都有它的價値呢？我是否要爲了它而做一輩子的投資呢？

當人生需要熱情的時候：《切・格瓦拉》（讓・科爾米耶　著）

世界聞名的傳記作家讓・科爾米耶花了10年的時間收集資料，寫成了這本記錄古巴傳奇英雄切・格瓦拉一生的傳記。切・格瓦拉在年輕的時候就繪出了自己革命家的人生。他認爲化解社會的矛盾比當醫生治療疾病更重要。這個從來不羨慕別人的年輕人加入了革命後，上演了他熱情又極具戲劇性的一生。他的生平事蹟引起了無數世人的興趣和關注。對於那些感到生活無味正在尋求新鮮事物的年輕人來說，切・格瓦拉正是自己學習的榜樣，這本書可以爲自己枯燥無味的生活帶來無限的熱情。

當需要別人支援的時候：《所以，你也要活下去》（大平光代　著）

長大了才發現這個世界並不全是美麗的，因此我們有時會陷入絕望，甚至產生輕生的念頭。《所以，你也要活下去》是大平光代的自傳，書中詳盡地記述了作者大平光代坎坷不平的人生經歷。中學二年級時因不堪他人的欺負之苦，曾經切腹自殺未遂。之後便走上了歧途。16歲與黑道頭目結婚。自從遇見養父大平浩三郎，她開始了新的人生。中學畢業後，她先後通過了住宅建築考試和司法考試。現在作爲一名律師，正在爲拯救犯罪青少年而努力。大平光代常對那些失去了生活希望的人說：「看看我，所以你也要堅強地活下去！」「既然都有死的勇氣了，那爲什麼不活下去呢？」這是每個人都能輕易說出來的一句話。而大平光代有過同樣的經歷，並且堅強地克服了，因此她說出的「所以你也要頑強地活下去」更具說服力。

當因身處的環境而鬱悶的時候：《學習的快樂》（廣中平祐　著）

本書記錄了日本數學家廣中平祐笨鳥慢飛的故事。他很晚才體會到學習的快樂，之後悟出了人生的道理。書中主角以頑強的毅力努力進取，他的那種精神令人十分敬佩。此書告訴我們，人生不是一場賭博，而是用眞誠編織出來的一本畫卷。我們總是在開始做什麼的時候擔心是不是太遲了，結果到頭來做的永遠不是自己想做的，而是這個社會要求我們做的。所謂韌性是什麼？韌性就是指引你在自己的道路上默默前行的指標。

當想查證這個世上的熱情的時候：《小星星通信》（奈良美智　著）

書的封面上畫著一個邪惡的大眼娃娃。眞不明白這樣的書怎麼還能吸引這麼多的讀者。懷著這樣的好奇心，我翻開了此書。讀了之後疑惑全解，自己也渾身充滿了熱情。「熱情和挑戰」這兩個詞用在已經50多歲的奈良美智身上還是那麼貼切。他懂得用熱情和挑戰發揮自己的才能。正是他那拿學費去旅遊的這種勇氣和他那樂天派的思考方式賦予了他的圖畫生命力。如果只相信自己的才能卻不付出任何努力，也不注入任何熱情，那不管多有才能也不會有什麼發展。此書讓我們明白了這個道理。

30歲必讀的自傳

當感到自己很無能的時候：《青春漂流》（立花隆　著）

立花隆透過一次偶然的機會接觸了相機，雖然自己不太懂攝影方面的知識，但卻深深地迷上了它，最終成了一名執著於拍攝動物寫眞的攝影作家。雖然出身於日本一流大學，但卻死也不繫領帶。蹲守在樹林裡的窩棚裡獵鷹，過上了獵鷹者的生活；之後在西餐廳當服務生迷上了紅酒，於是不管三七二十一地飛往了巴黎，在那裡當起了酒保；後又在肉鋪裡當了一名肉切得最好的店員。在與這些充滿熱血的青春「相遇」的過程中，又讓他拾起了逝去的那種魄力和派頭。此書將一個普通人的生活刻畫得十分生動充實。「沒有羞恥、沒有失敗的青春不是青春。」

當無力地跌倒在地上的時候：《史考特．聶爾寧自傳》（史考特．聶爾寧　著）

他平生都在鬥爭。直到自己離開人世的最後一刻，他都在和無情的產業主義體制和野蠻的西洋文明做對抗。

但他在成爲一名激進主義者之前，曾是個十足的和平主義者，更是美國著名經濟學家，他是這個時代的先覺者。史考特・聶爾寧自傳中雖然主要寫的是政治上的內容，但卻將人類的各種嘴臉展現得淋漓盡致。就算只看看書中收錄的他的遺書，也能給我們這些正在成長的30歲的人莫大的幫助。那封遺書中寫入了他平生的座右銘和自己堅定的信念，是十分有閱讀價值的內容。

當生活鬱悶感到眩暈的時候：《佛陀：喬達摩的人生旅程》（凱倫・阿姆斯壯　著）

本書中介紹了歷史上最具影響力的人物之一悉達多・喬達摩的一生及他的哲學。喬達摩作爲一個普通人，挺過了人生的痛苦，超越了人類的狹隘和利己主義，發現了人類的絕對價值。本書中的喬達摩不是一位宗教人物，而是一個普通人。書中介紹了他作爲一名普通人的哲學觀和價值觀。給至今陷於煩惱和痛苦中過活的我們提供了生活的智慧，令我們得以覺醒。

當感到所有事情都不如願的時候：《我住在這小島上》（金永甲　著）

當他正在捕捉靈魂與熱情相容的畫面，當他正要按下快門的那一瞬間，他的手開始顫抖起來，腰痛也陣陣襲來。之後金永甲被醫生告知罹患了盧伽雷氏症㉚，這無異於給他判了死刑。他爲了在死之前不受逐漸萎縮的肌肉的擺佈，毅然在一所停辦的小學裡辦起了攝影展。

而我們儘管身體健康，但在遭遇挫折的時候都還想要放棄。再看看他，他用自己對生活的熱愛和熱情勾勒出了一幅美麗的畫卷。到了30歲，我們會因爲升職或人際關係問題遇到更大的困難。當想要放棄的時候，看看金永甲對生活的那種熱情與執著吧，那時你會發現自己的煩惱比起他的來說根本不算什麼。

㉚ 盧伽雷氏症，即脊髓性肌肉萎縮症，俗稱「漸凍症」。主要症狀是運動神經壞死和肌肉萎縮。

把美術館當作自己的戀人一樣來對待

藝術可以淨化人們的心靈，
可以抖去日常生活中沉澱的灰塵。

——畢卡索

去國外旅遊的話必然要參觀當地的美術館。但油畫到底要怎麼欣賞呢？想要在限定的時間內把好的作品都看完，怎麼看才最有效率呢？這裡列出了一些從美術評論家那裡得到的啟示，可以作為我們欣賞名畫的捷徑。

古羅馬詩人賀拉斯比較詩歌和美術時這樣說道：「有些作品需要一個人欣賞才會覺得好，有些作品需要幾個人一起欣賞才會覺得好。有適合在明處欣賞的作品，相反也有在黑暗處才會發光的作品。有的作品欣賞一遍就覺得很好，而有的作品需要欣賞多次才能品出它的味道。」賀拉斯給予我們忠告：根據美術作品本身的不同，欣賞的方法也有所不同。17世紀荷蘭畫家維梅爾的《讀信的藍衣女子》需要一個人在黑暗的地方欣賞多次才能品出它的味道；而畢卡索的《格爾尼卡》能在視覺上給予人們強烈的衝擊，因此看一遍就自然記住了。像這樣每幅畫的欣賞方法都不同，是因爲其畫成的時代和其所蘊含的精神是不同的。

但就算每幅美術作品都具有不同的個性，也應該有一些新手能近距離接觸它們的方法吧？韓國美術評論家盧盛斗先生說，如果是新手的話，那就把美術館當作戀人來對待。爲了不使大家迷路於藝術的迷宮，他教給了我們一些如何把美術館當作戀人來對待的方法。

1 去美術館之前要提前做功課，查找一下相關的知識

先提前定好自己想去的美術館以及想欣賞的作品。美術作品就像你偷偷交往的戀人。想到你美麗的戀人正在等著你，這多麼令人激動啊。用寫情書的心情去接近它吧！

2 去美術館不要只為了看美術作品

沒有必要只去欣賞美術作品。在進入美術館之前，先把美術館的全景、庭院，還有美術館外街道的風景都一一收錄在你的數位相機裡。在美術館自助餐廳排隊取餐的人也是一道亮麗的風景線。

在進入展廳之前，先去逛逛美術館的紀念品店也不錯。在那兒可以看到有什麼樣的紀念品，還有該館最重要的展品是什麼。還可以買上幾張明信片。如果你很珍惜你的戀人，就珍藏好那屬於你們兩人之間的回憶。

3 把握住美術館展廳裡的氛圍

美術作品並不是隨便胡亂掛在牆上的。不管是常設展覽也好，還是策劃展覽也好，如何擺放作品是最費心思的了。並排懸掛的作品一定是有內在聯繫的。我們可以在欣賞它們的同時把握一下這其中的關聯。

如果美術館裡有人總是盯著你的戀人看，那就上前和他搭個話吧。同是愛美術的人，這其中很少有騙子，所以你可以安心地和他講話。從和對方的談話中獲得的知識就可以成爲自己的了，這樣也好拿去向別人炫耀。這不是一箭雙鵰嗎！

4 翻閱一下美術作品的成長過程

你的戀人在小的時候可能過得很艱難。他（她）的童年是怎麼度過的，青春期的時候是否有過叛逆，關於戀人所有的一切都令你十分好奇。

很少有美術作品是一開始就爲了掛在美術館裡而畫的。它們可能是掛在文人學者的書房裡，可能是掛在教皇的禱告室裡，也有可能是掛在抽象畫收藏家的走廊裡，還有可能是掛在廣場背陰處的牆面上。一幅美術作品從誕生到之後的幾百年時間裡，更換了無數的主人，也經歷了無數人的視線。瞭解了這些，你的好奇就能隨之消除了。

5 美術館裡有一些要遵守的禮節

所有的事情都有一定的順序。先穿外衣再穿內衣的人也就只有瑪丹娜了。抱有同樣的熱情，時而強硬時而溫和去接近戀人的話，他（她）會不知不覺地向你敞開心扉。能夠融化美術作品的正是你的禮節。在戀人面前打哈欠或是顯得很無聊，那則是大大的失禮。另外最重要的是不要趕時間。如果美術館規定的觀賞時間是1個小時也會有人說足夠了。但卻經常有人因爲趕時間錯過了戀人而陷於無盡的悔恨當中。

每個人都知道，美術作品禁止觸摸。皮膚接觸是禁止的。當然有些室外的雕塑還是可以用手摸的。這並不是說不讓你們近距離接觸，當然越近越好。尋找戀人隱藏的魅力是你的特權。

6 花錢也是一種SENSE

只擁有一顆愛他（她）的心是不夠的。向他（她）告白也是不夠的。我們要捨得向戀人投資。在參觀完美術館之後一定要買一本圖錄。美術館圖錄不是一本單純的畫冊，它裡面有著很多可讀的高水準的知識。如果你想讓自己的教養和戀人一致，那就一定要買一本。

愛爾蘭著名作家奧斯卡・王爾德曾說：「我們活在這個世上需要知道的東西沒有人來教。」但我們活在世上，沒有必要什麼都知道。給人生乾燥的皮膚點上一兩滴智慧的水不就夠了嗎？生活的智慧沒有必要非得在喜馬拉雅的夜空中尋找，也沒有必要非到埃及的沙漠中尋找。只要想找的話，在我們身邊就能發現很多耀眼的感動。不管是在旅途中，還是在現在生活的地方，享受一下沐浴在午後陽光中的美術館帶給我們的那耀眼的感動吧。

踏上改變人生的旅途吧

有時大的想法需要有大的景象，新的想法需要有新的場所。

——艾倫・狄波頓（英國才子作家）

俄國電影導演安德列・塔可夫斯基很早以前就說：「只要選了這條路，我就必須要走下去。」但我們一邊生活一邊會萌生出種種疑問。這條路真是適合我的嗎？這種時候我們往往會把過去的一切都塞進旅行包，準備脫離現有的軌道鋌而走險一回。有些人已經在旅行的途中找到了自己人生的第二春。切・格瓦拉、村上春樹、韓飛野都是這樣。如果你現在迫切地想改變自己的人生，那就好好聽聽他們的故事吧。

切・格瓦拉的革命夢想源於23歲時和朋友的一次旅行。他與好友騎著摩托車花了4個月的時間橫越了南美大陸。他們橫越安第斯山脈，沿著智利海岸行走，最後穿越了沙漠。經歷了一次很不平凡的旅行。旅途中，他遇到了很多因爲政治理念不同而失去工作的人，他也眞正地瞭解了社會的現實性和不合理性。當時身爲醫大生的他爲了研究痲瘋病，還特地留在了南美一個最大的痲瘋病人村裡做了幾個月的義工，在那裡學到了用眞心和他人交流的方法。

切・格瓦拉橫越南美大陸的經歷對他產生了深遠的影響。雖然他在旅行結束後回到了原來的生活中，但對於不平等現象的那種憤怒和作爲領導者的決斷和魄力逐漸在他的內心生根發芽。他在日記中寫道：「這次旅行使我改變了很多，這是我事先沒有預想到的。我不再是我了，至少不再是以前的那個我了。」

我們在整理旅行所需的行李時往往會被某種命運的預感所纏繞。那種預感會在飛機起飛或火車開動的那一刻逐漸變得清晰起來。旅行是「機會」。不是等待的機會，而是需要尋找出來的機會。所以旅行是可以改變人生的。

村上春樹的歐洲旅行

一九八六年，37歲的村上春樹被書稿和講義壓得喘不過氣來。就這樣迎接40歲的到來嗎？他被茫然的恐懼所包圍，於是迅速地搭上了飛往歐洲的班機。他先後在羅馬、雅典、斯佩察島、米克諾斯、西西里島「生活」了3年。

在這期間，村上春樹完全投入了自己的文學創作中，順利地寫成了兩篇小說。其中一部就是使他一舉成名並形成「村上春樹效應」的開山之作——《挪威的森林》。透過這次旅行，他經歷了作家生涯上的轉捩點，使自己得以飛躍地成長。

比爾·蓋茲的太太梅琳達的非洲旅行

二〇〇八年，微軟公司的共同創始人，世界首富比爾·蓋茲為了全心投入到慈善事業中，決定卸任微軟執行董事長職務。他表示為了社會健康保健和教育事業的建設，自己將投身於和妻子共同建立「比爾和梅琳達·蓋茲基金會」的相關事業中。

「連同微軟公司的成功一起，我獲得了所謂巨大的財富這一禮物。我相信在這巨大的財富背後有著艱巨的責任等待我來承擔。我要把自己得到的財富回饋於社會，我今後將把精力集中投入健康和教育的問題當中。」

比爾・蓋茲並不是一開始就肯定慈善事業的。但是一九九四年，和現任妻子梅琳達結婚後，他的人生觀經歷了巨大的變化。

一九九三年，梅琳達在與比爾・蓋茲結婚之前曾去非洲旅行。在那裡，她看到了非洲人民的困苦生活，花樣年齡的少女連雙鞋子都沒有。這些景象深深地觸動了她。之後她萌生了一定要幫助她們的信念，並隨之付諸了實際行動。二〇〇〇年，她說服了丈夫，成立了「比爾和梅琳達・蓋茲基金會」，旨在爲落後國家的民眾治療疾病。她還爲貧困的學生設置了各種獎學金專案。成了一位名副其實的「慈善女王」。

洪恩澤騎著單車78天橫越美洲大陸

洪恩澤曾是華盛頓特派員，伊拉克戰爭的隨軍記者。年過40的他騎著單車成功地橫越了美洲大陸。「40多歲的我，想徹底的感受一下自我，覺得今後不應再做應該做的事情，而是要做自己想做的事情，所以我選擇了騎單車旅行。」

他在拿到碩士學位之後產生了這樣的想法：到現在爲止自己都沒好好的玩一次。大學畢業之後就去了軍隊，退伍之後直接進了公司工作，工作了14年之後出國留學，一邊留學一邊兼職做製片人的工作。「所以現在我想先把工作辭了，痛痛快快地玩一次！但是要怎麼玩呢？後來突然想起了在自己寫作期間，一夥人騎自行車攀登洛磯山脈的事情。」他透過78天的旅行看到了一個全新的自己。

這是一次完全專屬於他自己的經歷。旅行途中，他的單車經過了10個州，通過了14次大陸分界線，腳踏板轉了大約一百五十萬次，車胎爆了11次。他又重新找回了自信。雖然離開的時候是個無業遊民，但現在已經出任OhmyNews的編輯局長一職，並且每天都騎自行車上下班。

韓飛野的65個國家偏僻地區的探險旅行

最近很多韓國年輕女性們都表示想成爲韓飛野一樣的人。韓飛野在36歲的時候辭去了工作，開始了她爲期6年的世界偏僻地區之旅。這個「風之女兒」的雙腳踏遍了世界許多國家，步行周遊了世界三周半。途中她遇到了越戰韓越混血兒，抽鴉片的中年男子，以及因爲沒有錢買吃的而哭喊的孩子。在一處跳蚤市場，看到一名馬拉威少年問一名跳性感探戈的舞蹈演員：「姐姐，你有避孕套嗎？」還在三溫暖房看到了一個很胖的全裸的敘利亞女人。這些人都是坐在書桌前無法遇到的。旅途中她還遭遇了荒唐的事件，但最終自己都勇敢地把問題解決了。

透過到偏僻地區旅行，她獲得了如風般的自由。現在她正在世界宣明會[31]擔任緊急救助組長。如果她沒有把這大膽的旅行付諸於實踐，那現在應該只是一名普通的中年婦女，依舊過著普普通通的生活。

㉛ 世界宣明會（World Vision，台灣稱「世界展望會」），是一個國際性基督教救援及發展機構，由美國佈道家鮑伯・皮爾斯博士於一九五〇年創立，當時該組織的目的是為了援助韓戰後的孤兒。而今作為一個全球性的處理以兒童為重點的緊急性援助和持續性的社區發展組織，它在94個國家進行著四千五百多個活動專案，在北美、歐洲、遠東12個國家都設有籌資機構。

單身
是我的力量
6

吳永旭（插畫師）

放慢速度，感受日常的幸福

「我曾認為勤勞是一種生活美德，無論怎樣都要幸福地活著。但是幸福也存在於巴塞隆納，即便我離開後也絲毫沒有改變。」

二〇〇四年的夏天，我正在歐洲旅遊。辭職後，我想體驗一次長時間的旅行，於是踏上了往國外的旅途。當時已經離開韓國一年零三個月了。在去了北美、中美、南美，還有非洲南部之後，我準備去歐洲的幾個國家轉轉。以那次爲時15個月世界旅行爲契機，我找到了自己移動式的「家」，於是開始夢想「一邊生活一邊旅行」。雖然早晚都要離開，但卻並不是那種擦肩而過的旅行……

決定作爲一個異鄉人在巴塞隆納生活純屬於即興的選擇。我沒有目標地到處「流浪」，沒抱有任何期望地踏上了巴塞隆納的土地。但就在到了巴塞隆納還不到20小時的時候，我產生了在那裡多待些日子的欲望。這種欲望令我所有的思考行爲都停止了。直到現在有人問我爲什麼，我也回答不出來。大概是「血性」在牽引我吧。我抱著一定要再回到巴塞隆納的決心返回了韓國，並開始爲自己新的旅程打包好了行李。

馬德里機場下雪的夜景至今還栩栩如生留在我的記憶裡。二月份的西班牙已經很冷了，地處內陸高原的馬德里更是如此。我在等待飛往巴賽塞納的飛機時，在那異國的夜晚點燃了一支香菸。在機場的照明燈下看到煙氣在雪花中散去，就好像自己把所有的記憶都留在了韓國一樣。

巴塞隆納的城市建築和環境不斷地在發展，建築大師安東尼奧・高第的作品也是隨處可見，在那裡生活就是一件很吊人胃口的事情。在這樣「美好的」空間裡生活，我十分想將自己的視覺、聽覺、嗅覺、味覺和觸覺完全都融入於其中。而設計空間的人整日居住在公寓樓群裡，難免讓人覺得缺點什麼似的。

在巴塞隆納度過的每一天都是很輕鬆的。每天除了在語言學院學習4個小時（而我往往總會缺席⅓的課程）之外，剩餘的時間都是自由的。只要一有時間我就會在城市裡漫步，我逛遍了坐落在城市各個角落的咖啡廳，並鎖定了十家左右，沒事就去坐坐。有時我也會帶著素描本出行，將所見的巴塞隆納城的風景畫下來。

就這麼過了一年，眼看簽證就快到期了。又是一年冬來到，我茫然地想到「現在是時候該回韓國了」。有一天突然聽說龐培法布拉大學附屬的Elisava設計學院設有空間設計研修課程。於是我即興決定「我要在巴塞隆納迎接第二個春天」，選擇了繼續「留下」。我馬上查找了Elisava設計學院的相關資訊，並準備好了研修課程的報名資料。雖然自己的西班牙語沒什麼長進，但還是完成了一篇作文，之後隨同志願表一起遞交了上去。一個月後我收到了錄取通知書。就這樣，我在巴塞隆納的生活又延長了。

吳騎士，在巴塞隆納找到了幸福

我曾認爲勤勞是一種生活美德，無論怎樣都要幸福地活著。但是幸福也存在於巴塞隆納，即便我離開後也絲毫沒有改變。

●蔚藍的地中海

從我住的地方只須慢悠悠地走上20分鐘，就到了地中海海邊。和老朋友一起到海邊是一種休閒，和新朋友一起到海邊是一種興奮。

●只屬於我自己的秘密聯絡點

拉瓦爾（Raval）區是黑夜孤獨客們的安樂窩。偶爾光顧一下巷子裡霓虹閃爍的場所，或在傍晚時分到Lletraferit咖啡廳坐坐都是不錯的選擇。

●喝一杯南歐式的咖啡

雖然一杯甜甜的咖啡不能解決所有的問題，但當那黑色的液體碰到嘴唇的那一瞬間，可以令我暫時忘掉人生的疲憊。雨天裡，它和那泥土的芳香也很相配的。

吳永旭比起他的本名來，「吳騎士」這個稱謂更有名氣。他在大學時期主修建築專業，畢業後一邊活躍於建築行業，一邊積攢出國資金。在下定決心放棄工作之後，他開始了自己的巴塞隆納幸福之旅。他在《吳騎士，到巴塞隆納尋找幸福》一書中就用其獨特的筆觸及插圖向讀者講述了這段旅居生活。他透過自己的NAVER㉜部落格「幸福的吳騎士 blog.naver.com／nifilwag」向眾人展現他那感性的文字和圖畫。

㉜ NAVER，韓國最大的搜索引擎和入口網站，也是韓國股票市場上市值最大的網際網路公司。

關於本書插畫家

插畫 **FION 強雅貞**（1 Life、2 Love、4 COMMUNICATION、6 STYLE）

很會想像，很會織夢，對南法有種莫名的迷戀。著迷JUNK STYLE生活物件，矢志在地球城市之間流蕩發現會心角落。最喜歡的城市——舊金山，但常常想念波士頓，新家在紐西蘭。著作有《雜貨talk》、《就是愛生活》、《換個峇里島時間》、《一直往外跑》（大田出版），與禮物書《C’est moi》、《La Vie》、《Bonjour》、《Lovely Days》、《Les Quatre Saisons》、《L’amour》。（以上皆大田出版）

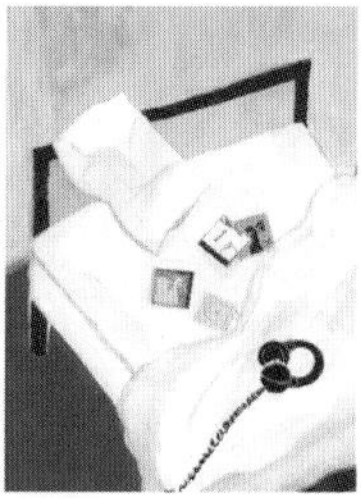

插畫 **林怡芬**（3 CAREER、5 MONEY）

出版繪本作品《橄欖色屋頂公寓305室》，獲2007年金鼎獎「最佳插畫獎」。作品收入於日本玄光社之專業誌《Fashion illustration File》之中。曾於台北、東京舉辦過多次展覽。目前工作以台灣與日本兩地為主。工作範圍涉及出版、廣告、雜誌、商品設計、自由創作等。其他著作有《小狗花花想回家》，與禮物書《LOVE DOGS》、《One Day》、《Une fille》、《my mode my note》、《珈琲館》、《My Book My Look》（以上皆大田出版）

關 於 本 書 攝 影 家

攝 影 **黃仁益**

以攝影記錄潔癖美感，以鏡頭捕捉稍縱即逝的時光。

在世新大學、台藝大兼任講師。

Lukefoto Studio持有人。

最新作品《朵朵小語：天天小幸福》（大田出版）

國家圖書館出版品預行編目資料

守護你的單身時光／《Singles雜誌》編輯部著，
張楠譯——初版——臺北市：大田，民100
面；公分.——（CREATIVE；28）
ISBN 978-986-179-230-9（平裝）

1.自我實現 2.生活指導 3.獨身

117.2 100019879

CREATIVE 28

守護你的單身時光

一個人也要好好過，學會六件事，幸福就在每一天。

《Singles雜誌》編輯部◎著
張楠◎譯

出版者：大田出版有限公司
台北市106羅斯福路二段95號4樓之3
E-mail:titan3@ms22.hinet.net http://www.titan3.com.tw
編輯部專線（02）23696315 傳真（02）23691275
【如果您對本書或本出版公司有任何意見，歡迎來電】
行政院新聞局版台業字第397號
法律顧問：甘龍強律師

總編輯：莊培園
主編：蔡鳳儀 編輯：蔡曉玲
企劃行銷：黃冠寧 網路行銷：陳詩韻
校對：陳佩伶／蘇淑惠
承製：知己圖書股份有限公司・（04）23581803
初版：二〇一一年（民100）十一月三十日 定價：新台幣 280 元
總經銷：知己圖書股份有限公司 郵政劃撥：15060393
（台北公司）台北市106羅斯福路二段95號4樓之3
電話：（02）23672044／23672047・傳真：（02）23635741
（台中公司）台中市407工業30路1號
電話：（04）23595819・傳真：（04）23595493
國際書碼：978-986-179-230-9／CIP：117.2／100019879
Single Yechan (싱글예찬)

廣告回郵
北區郵政管理局登記證北台字1764號
免貼郵票

From：地址：

姓名：

請沿虛線剪下，對摺裝訂寄回，謝謝！

To：大田出版有限公司　編輯部收

地址：台北市 106 羅斯福路二段 95 號 4 樓之 3
電話：(02) 23696315-6　傳真：(02) 23691275
E-mail：titan3@ms22.hinet.net

大田精美小禮物等著你！

只要在回函卡背面留下正確的姓名、E-mail和聯絡地址，
並寄回大田出版社，
你有機會得到大田精美的小禮物！
得獎名單每雙月10日，
將公布於大田出版「編輯病」部落格，
請密切注意！

大田編輯病部落格：http://titan3.pixnet.net/blog/

智　慧　與　美　麗　的　許　諾　之　地

＊請沿虛線剪下，對摺裝訂寄回，謝謝！

閱讀是享樂的原貌，閱讀是隨時隨地可以展開的精神冒險。

因爲你發現了這本書，所以你閱讀了。我們相信你，肯定有許多想法、感受！

讀 者 回 函

你可能是各種年齡、各種職業、各種學校、各種收入的代表，

這些社會身分雖然不重要，但是，我們希望在下一本書中也能找到你。

名字／＿＿＿＿＿＿＿性別／□女□男　出生／＿＿＿年＿＿＿月＿＿＿日

教育程度／＿＿＿＿＿＿＿＿＿＿＿＿

職業：□學生　□教師　□內勤職員　□家庭主婦

□SOHO族　□企業主管　□服務業　□製造業

□醫藥護理　□軍警　□資訊業　□銷售業務

□其他＿＿＿＿＿＿＿＿＿

E-mail╲＿＿＿＿＿＿＿＿＿＿＿＿＿＿＿＿＿＿ 電話╲＿＿＿＿＿＿＿＿＿

聯絡地址：＿＿＿＿＿＿＿＿＿＿＿＿＿＿＿＿＿＿＿＿＿＿＿＿＿＿＿＿＿

你如何發現這本書的？　　書名：守護你的單身時光

□書店閒逛時＿＿＿＿書店□不小心在網路書站看到（哪一家網路書店？）＿＿＿＿

□朋友的男朋友（女朋友）灑狗血推薦□大田電子報或網站

□部落格版主推薦＿＿＿＿＿＿＿＿＿＿＿＿＿＿＿＿＿＿＿＿＿＿＿＿＿

□其他各種可能，是編輯沒想到的＿＿＿＿＿＿＿＿＿＿＿＿＿＿＿＿＿＿

你或許常常愛上新的咖啡廣告、新的偶像明星、新的衣服、新的香水……

但是，你怎麼愛上一本新書的？

□我覺得還滿便宜的啦！□我被內容感動□我對本書作者的作品有蒐集癖

□我最喜歡有贈品的書□老實講「貴出版社」的整體包裝還滿合我意的□以上皆非

□可能還有其他說法，請告訴我們你的說法

＿＿＿＿＿＿＿＿＿＿＿＿＿＿＿＿＿＿＿＿＿＿＿＿＿＿＿＿＿＿＿＿＿＿＿

你一定有不同凡響的閱讀嗜好，請告訴我們：

□哲學　□心理學　□宗教　□自然生態　□流行趨勢　□醫療保健

□財經企管　□史地　□傳記　□文學　□散文　□原住民

□小說　□親子叢書　□休閒旅遊　□其他＿＿＿＿＿＿＿＿＿＿＿＿＿

一切的對談，都希望能夠彼此了解，

非常希望你願意將任何意見告訴我們：

大田出版有限公司編輯部 感謝您！